你押對「保」了嗎？

面對低薪、高房價、超高齡時代，
比起花大錢盲目買、什麼都買，
不如買最合適的，
才是真正押對「保」！

莊英木

在保險業20多年，有一個深刻的體會，對於一般民眾而言，如何購買一份正確又合適自己的保單，真是令人困擾的事情。原因在於保險內容非常複雜，而這個需求又屬於被動，可能是身邊業務員推薦才購買，又或許是親友事故，才感受到規劃保險的重要性。

我經常和朋友分享，保單的權益多數決定在業務員的主觀意識，業務員學習到什麼層次，攸關保障到什麼程度，除了祈禱自己遇見一位專業盡責的業務員之外，另外就是要下足功夫做功課。

人吃五穀雜糧，疾病住在身體裡，我們永遠無法預測疾病何時發生，「明天」和「意外」誰先來敲門。因此買對保險生對病，保單才能啟動，最好的規劃就是量身訂製，用客戶有限的預算轉嫁最大的風險，每一分錢都要花在刀口上，讓保險帶走人生最擔憂的三件事——離開得太早、失去工作能力、活得太長。

人生就是在不同的階段，做不同的決策，時間會給我們最

真實的回饋。如果60歲還在應付各種生活或經濟上的困難，就表示30歲準備得不夠充裕，年老來臨時沒有人計劃失敗，而是失敗於年輕時沒有計劃，從思維到成果，行動是唯一的途徑，我們需要的是一份讓生活免於恐懼，老年更要享有尊嚴的正確決策，風險管理和財富管理就是如此重要。

這是一本非常實用的工具書，作者白閔和怡萱把枯燥無味的教科書條文，化繁為簡且深入淺出呈現在所有讀者眼前，然而真正的業務高手，是將專業知識結合實務經驗，融會貫通後，透過有溫度的服務在談笑風生中植入客戶心中，讓冰冷的保單成為溫暖的依靠，陪伴守護客戶的一生。

南山人壽 績優區經理
莊英木

推・薦・序

葉俊佑

近日，在一個朋友相聚的餐桌上，坐在身旁的友人，突然有感而發說道：「我和太太都在大學任教，兩個人的年終獎金，合計起來有六位數，但幾乎都是過路財神，兩週後，轉個手，就要當作保費交給保險公司。」他還透露：「我們一家四口（兩位大人、兩位小孩）的保費支出，一整年算起來，竟然接近三十萬元……。」

他說完之後，看我筷子夾著火鍋裡的肉片繼續吃，沒太大反應，不免再問道：「理事長，你覺得呢？我們家的保險，是不是買得太多了？」

我緩緩放下碗筷後，跟他微笑一下，從西裝口袋裡取出一支筆，順手拿起桌上的白色餐巾紙，寫下了「保險密度」這四個字。看著友人疑惑的表情，我跟他說，「保險密度」（Insurance Density）就是指在一個年度，該國保險業保費收入除以其人口數，也就是「平均每人每年的保費支出」，也可稱為「人均保費」。這能代表，該國保險業發展的程度，以及人民對保險意識的強度。

接著，我又寫下「2018年，16萬元／人」我說：「以這個統計數據來看，你們一家四口，保費支出大約64萬才算符合標準，所以，你們還算是拉低了平均值。」然後，我拿起杯子，笑笑說：「來，敬你一下，保費方面還有努力空間哦～」

根據國際專業保險機構瑞士再保險研究院的報告，2018年台灣保險密度為5,156美元（即平均每人每年的保費支出約為新

台幣15.9萬元），台灣保險密度在全球可以排名在第六名，而若是看壽險的保險密度，則可排到全球第四。這能呈現出，台灣保險市場日趨成熟，台灣民眾很愛買保險，也願意繳很多的保費。

然而，站在消費者的立場來看，買了這麼多保單，繳了這麼多保費，如何才能買對保險、買好保險？怎麼規劃才能有最周全的保障？如何讓每一分錢，都能創造出最大效益？ 這些才是保險規劃真正的關鍵。

白閔兄服務於南山人壽保險公司，多年來工作認真，為客戶提供完善的風險管理服務，且表現傑出屢獲嘉獎；在專業上，也持續精進充實自己。工作之餘，也跟太太一同上課學習，進修CFP（國際高級理財規劃顧問）財經專業課程。

然而，在忙碌的業務工作與證照考試之間，得知他還能充分利用時間，埋首寫作筆耕，希望協助民眾建立風險意識，瞭解保險內涵，運用保險工具，這樣的精神，讓人感到相當佩服。

本書內容，豐富實用，很「接地氣」。章節內的案例和小故事都很有趣。主要特色是利用各種圖表，呈現出許多重要的保險觀念，非常易於理解閱讀，可說是一本實用的保險入門書和工具書，在此向您推薦！

台灣理財規劃發展促進會 理事長

葉俊佑

劉白閔

　　寫這篇序的時間點，是在我突然有點詞窮、生不出稿的時候，甚至開始有點懷疑自己只是一個平凡人，沒有名氣也沒有廣大的粉絲，出這本書真的會有人想看嗎？所以一邊苦惱著一邊就想說在稿子卡住的時候，可以先來寫作者序。

　　我覺得作者的序是一個很棒的橋梁，一方面可以幫助讀者在翻開這本書時做一個簡單的引導，而另一方面則是在作者我本人沒有頭緒、不太確定「為什麼要寫這本書？」時，給予我一個安定的力量，讓我確信自己寫這本書是希望能夠幫助到廣大的讀者。

　　其實說老實話，我自己不是一個大量閱讀的作者，也對台灣的出版市場不太瞭解，所以在寫作時完全沒有閃過「這本書會不會成為暢銷書？」的這個念頭，只覺得也許我完成這本書，可以透過它傳遞一些正確的保險觀念給社會大眾，改變他們過去對於保險的看法，更甚至能夠完整別人的保險規劃，進而救人一命、幫助幾個家庭，那我也就心滿意足了。

　　回想起2015年10月2日，自己剛踏入保險業的那一天，當時候的我對保險商品不熟悉、對經濟趨勢不了解、對風險規劃不清楚，滿腦子只覺得業務是一份可以透過努力賺很多錢的工作，所以單純選了一個看起來困難、實際上真的異常困難的行業，但也沒想到這樣的過分單純，會造就現在這個超乎我想像的自己。

　　有些人會說我不務正業，以前大學時期明明就讀社會福利學系，怎麼不好好往社會工作或是公職體系前進，而是選擇一個這麼跳Tone的金融行業。我一開始也曾懷疑過自己，直到我開始發現，原來以前的所學竟然能所用在自己的工作上，我才明白這個社會長久以來都是自己侷限了自己。

不管是社會保險的概念、社工會談的技巧、軟實力的累積、社團經驗的堆疊，都成為我在保險業務初出茅廬的養分。而隨著服務年資的增長，保險理賠的見多識廣，我更確信每個人都需要保險保障，每個人都需要一位負責任的保險業務員。我也自詡能帶著溫暖關懷的心，透過專業成為一位保險社工，陪伴我的每一位客戶解決人生中每一個不只保險層面的困難。

　　最後，透過自序的結尾篇幅，表達我的感謝之意。

　　謝謝我的保險父母——莊英木經理、黃玉鈴經理，引領我在保險事業上踏穩每一個腳步，找到前進的方向。謝謝葉俊佑老師，讓我對於理財規劃的視野又往上提升了一個層次。

　　謝謝我的親朋好友、工作夥伴，無條件支持我、信任我、陪伴我。謝謝我的爸爸媽媽，給予我足夠的自由，讓我有選擇自己人生的權利。謝謝資料夾文化邀請我和怡萱出書，讓我有機會將這些年的努力與心得與讀者們分享。更謝謝出版社的每一位工作夥伴，協助我們完成人生第一本著作，特別是文編和美編，讓我們的作品錦上添花、賞心悅目。

　　最後謝謝我的老婆林怡萱，陪伴我度過每一個熬夜寫稿的夜晚，並且成為我最強大的後盾，能夠有你在身旁真是我上輩子修來的福氣。

　　當然我也由衷地感謝，每一個願意支持我們、信任我們、展書的讀者們。

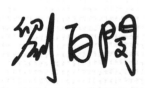

林怡萱

真的沒有想過，有一天我能成為作家，甚至出版屬於自己的一本書。也從未想過，有一天我會成為保險業務員，甚至能夠用自己的專業，去幫助更多人。

其實我在23歲以前是完全沒有保單的，更別說是保險觀念，以前的我，對保險根本完全不懂，身邊沒有資源，也未曾想要去理解；直到我自己出了社會，開始要對自己的人生負責，這時才警覺到，若是像電視上報導的無常發生在自己身上，我有能力去面對這些風險事故嗎？以前的我有爸媽可以依靠，可是現在，我應該要自己承擔而不是拖累家人。「每個人都有責任，但不是每個人都有責任感。」我很慶幸自己很早就意識到轉移風險的重要性，因而讓我想去了解「保險」是個什麼樣的東西，而從此讓我與「保險」結下緣分。

從認同開始，進而成為保險業務員，這也是我人生中始料未及的轉折點；不管是做保險前或是做保險後，都有很多人跟我說保險不能做，或是問我，你還有很多選擇，為什麼要去做保險？在我自己了解過保險的本質後，理解到保險的立意是好的。最早期的保險就是源自於互助會的概念，大家每個月拿錢出來，若有人出事情，則可以把錢全部拿走。演變到現在，經過精密的計算，算出不同年紀的保費費率，使參與者在繳納保費及理賠上更加公平化，所以現在才能進化成巨型的保險公司。大家之所以排斥保險，大都是基於不理解商品內容，或是因為保險業務員的強迫推銷而討厭保險。

其實保險商品本身並沒有問題，大部分的問題都是來自於「人」。我也有經歷過其他人用不討喜的方式銷售商品，所以我能夠理解大家的感受，進而更要求自己要用同理心去銷售每一份保單。

　　原本覺得保險業務員的工作就是賣保險，透過儲蓄險幫助身邊好友把錢存下來，透過醫療險幫助大家面臨疾病、意外的風險；入行幾年後，我漸漸開始覺得我們不光只是銷售，我透過保險結交了很多好朋友。我根本沒想過，當初勉強自己存錢的朋友開始感謝我推薦的規劃，當發生意外時，第一時間能有我給予最強大的後盾，急難時領到理賠金後，感謝當初規劃的內容。我不禁想，這就是工作所獲得最大的成就感吧！

　　很開心能有這個機會出版自己的書，透過文字傳達出我們的理念，也希望這本書能夠幫助到一些想了解保險的大家！

　　最後不免俗地謝謝資料夾文化給我們這個機會，讓我成為文化圈的一份子。感謝我的爸爸媽媽，謝謝你們尊重我的每一個決定，讓我能夠放心地飛，愛你們。還有我的老公──白閔，這一路走來辛苦了，接下來的每一個里程碑，我們都要繼續努力！

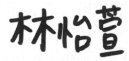

★如果有任何保險相關問題，都歡迎來信討論：yabao0307@gmail.com

Part 1
保險大哉問

Part 2 如何檢視**身上的保單**
（保單百百種，你是哪一種？）

Part 3
買好保險不如**買對保險**

Part 4
分齡保障規劃

Part 1
保險大哉問

Chapter 1
為什麼要**買保險**？

　　我相信每一個人的周遭，多少都會有些事故發生，只是當風險來臨時，我們是笑著面對，還是哭著承受，僅此而已。但如果世界上有一種工具，在自己合理的預算負擔下，能夠幫我們以平常心度過這些風浪，且能夠減輕每一次風險帶給我們的負擔，你會不會考慮看看？

♥ 遺珠之憾

　　「發生在別人身上的，叫做故事；發生在自己身上的，叫做事故。」而我想跟大家分享一則真實故事，一則令我自己也悔恨萬分的事故。我身為一個保險業務員，其實應當負起傳遞正確保險知識的責任，周圍親朋好友們的保障規劃當然也不在話下，而我卻失職了。

真實故事

　　在我剛踏入保險業時，其實內心有很多的恐懼與不確定，除了因為保險是我進入職場的第一份工作以外，同時也是我第一次接觸保險業務這個非常與眾不同的領域。這個領域裡面基本上沒有所謂的ＳＯＰ流程。各種不同類型的服務、規劃、成交的方式都有可能發生，保險業務的心路歷程

有機會可以再跟大家分享，但我想跟大家說的是，只因為我當初對保險商品是否能幫助到客戶這件事情的遲疑與不確定，並且在信心不足的情況下，我不敢去推銷保險，害怕被客戶、更甚至是親朋好友們拒絕。

就在我進入保險業後的一段時間，我的一位親人罹患了癌症，是乳癌的第一期。雖然以第一期的乳癌來說，治癒率相較於其他嚴重的癌症患者是偏高的，但對於癌症的發生，大家還是相當意外與震驚。因為對保險缺乏信心的關係，那時的我並沒有幫這位親人做保單健診，也沒有補強她任何的保險保障，僅有她自己早期購買的名為「人情保單」的微薄保障，而保險對她來說仍然也只是個陌生的名詞而已。

最後，在醫生判斷暫時不使用標靶藥物治療的情況下，所幸金錢沒有對她造成過大的負擔，並且後續治療狀況也還算理想，但我只能眼巴巴地看著她去做持續性傷身的放射線治療，並且懊悔為何當初沒有辦法把她的所有風險都帶走。

也許故事說到這，已經開始有些人覺得惋惜，早知如此又何必當初，但我要跟大家報告的是，後續的狀況才是我始料未及，也最令我自責的。隔了一年後，這位親人不幸地發生了一起嚴重的車禍。經醫生診斷後，她的肋骨撞斷五根、鎖骨粉碎性骨折，並且有輕微腦溢血的狀況。光是三片自費鋼板、

二十根鋼釘及骨粉的醫療費用就高達三、四十萬。人還健在，但後續的復健卻花了不少時間與金錢。很多人會接著說：「這次總該學乖了吧，保險終於可以派上用場了。」但事與願違，因為這位親人曾經罹癌的關係，她在短時間內已經喪失購買任何醫療保險的權力，而這個「短時間」的定義可能是5年、10年、20年，或是更久，最後僅有些微的醫療保險、意外保險提供了她部分的理賠金。如果當初有及早在罹患癌症前就加強她的醫療實支實付、重大疾病險、意外險保障，也許保險理賠金就可以協助她解決不少金錢上的困擾。

其實這位親人就是我的母親。因為這份深深的愧疚，除了警惕自己在幫客戶規劃保險時，不能妥協於被拒絕的恐懼，更提醒我必須趁風險降臨之前，幫每一個客戶建立好屬於自己的防護傘。

跟讀者們分享這個故事，除了告訴大家保險規劃真的很重要以外，更要提醒你們趁健康時及早規劃保險，才不會成為一輩子的遺珠之憾。

♥ 錢不是問題，問題是沒錢

當然，僅管我親身遭遇的保險事故這麼賺人熱淚，還是會有一些人告訴我：「我很健康，我不需要買保險」、「我用不到，我不需要買保險」。其實這些也都沒有關係，因為保險本來就是一個工具，

而每個人都有自由選擇風險規避工具的權利。如果我們身上有雄厚的資產，當然可以選擇自行承擔，因為金錢不是問題；甚至如果我們背後有龐大的醫療資源，更可以選擇自行承擔，因為醫療資源運用根本不是負擔；若再加上我們上頭有可靠的父母及長輩，更可以選擇自行承擔，因為風險對我來說不構成威脅。

但是，如果雄厚的資產、龐大的醫療資源、可靠的父母及長輩……這些我們都沒有的時候，保險這個風險規避的工具，是不是值得大家好好思考以及運用？

常常聽到很多人跟我們分享：「錢不是萬能，但是沒錢萬萬不能。」後來在理賠實務上，我也開始有了一些體悟後，便覺得這句話如果要應用在保險領域的話，可以調整成：「錢不是問題，問題是沒錢。」

我曾經在一次探訪客戶住院的過程中，不小心聽到了隔壁病床的談話，是一段醫生與家屬的沉重對談。我不確定病床上的病患是不是醒著參與會談，但我能肯定那片白色布簾後的空氣是冰冷且凝結的。

「**病患的狀況不太樂觀，癌症細胞成長的速度很快。**」醫生冷靜地對家屬說道。

「**那目前有沒有什麼處理辦法？**」家屬略顯緊張問道。

「**可以建議你們使用標靶藥物的治療，雖然沒有辦法保證痊癒，但是針對這類型的癌症病患可以獲得相對穩定的控制以及較少的**

副作用。」醫生依然冷靜地面對家屬的提問。

「這樣子啊……那費用的部分……大概是……？」家屬若有所思地應答著，但我能明顯感受到家屬的語句速度變慢了。

「一個月標靶藥物的治療費用大約是15萬到20萬左右的價格，但是當然也要評估病患的身體狀況做藥量的調整，而且可能需要進行5到6個療程。」

相信醫生已經習慣於面對這樣的狀況，所以回覆的語句總是平順且完整。但接下來的30秒內，我大概能體會人家所說的度日如年是什麼感受，而空氣中的寂靜更凸顯出病患家屬的呼吸聲有點沉重。如果今天的狀況做簡單的角色對換，我們是否也會不發一語地呆站在原地，亦或是我們能夠鬆一口氣地對醫生說，沒關係有保險可以使用。我始終相信：醫生可以幫助我們解決病房內的事情，而保險能夠協助我們解決病房外的問題。

♥ 社會保險、商業保險，傻傻分不清楚？

「我已經有全民健保了，發生醫療事故應該就夠用了吧？」

這句話是很多準醫療險客戶們會告訴我的，但我必須老實跟各位說明，這個觀念是必須修正的。為什麼會說「觀念必須修正」而不是觀念錯誤呢？其實在早期的民國84年，全民健保剛開始上路，其含括的項目非常廣泛，在發生風險時的醫療手術、雜費項目也許夠用，但是到了現在，醫療的技術提升、費用水平持續上漲，自費項目也越來越貴且多，單純靠全民健康保險，真的保險嗎？或許在開始談論健保是否足夠之前，我們應該先來認識何謂社會保險與商業保險。

社會保險是一個現代的社會安全保障制度，屬於國家社會福利的一環。由國家強制人民參與各種保險，預先為了國民的各種疾病、傷害、失能、失業、職業災害、老年與死亡等社會風險做準備，安定國民並且降低因為風險而衍伸出來的社會問題。舉凡我國常見的全民健康保險、國民年金保險、勞工保險、就業保險、農民保險、軍人保險、公教保險，甚至汽機車的強制險都是社會保險的範疇。

商業保險在早期其實是用於保障企業並且確保企業在發生風險時能持續運作的保險。但是在台灣，商業保險則被國人拿來稱作非公家機關提供的保險，通常沒有強制性，保險的內容也是由要保人和保險公司依照保險商品條款共同簽約確認。舉凡常見的壽險、意外險、醫療險、防癌險、長期照顧保險等等，都是我們目前俗稱的商業保險。

我在規劃客戶的保單時總會先詢問客戶有沒有投保的經歷，是否認識何謂保險？而很多客戶的回答則是：「*我身上沒有保險，我也從來沒有買過任何保險。*」這時我都會笑笑地告訴他們，其實你身上有保險，只是你沒有發覺而已。往往他們都會用不可置信的表情告訴我說：「*真的假的啊？*」沒錯，很多時候我們都不太認識自己身上的（社會）保險，只有意識到我們沒有買過（商業）保險。

那這時候問題就會來了，我們已經有健保了，為什麼還要買醫療險呢？其實是這樣的，大部分的社會保險由於使用的保戶（國民）眾多，目前都只能提供社會上最基本的保障需求，甚至可以說是不足額的補償也不為過。而且社會保險也時常會遇到財源籌措的困難，就像國人常聽到的勞保、健保快要破產的新聞，所以隨著醫療科技的提升，昂貴的醫療手術及耗材常會有很多需要自費的狀況。

以全民健康保險來說，其實有很多項目是健保不給付的，這邊幫大家舉兩個常見的例子，大家比較能感同身受。

1、癌症標靶藥物

癌症一直都高居國人十大死因，除了罹癌率節節攀升以外，醫療費用也因為治療方式的不斷突破而提高，從早期的化學療法，到現在常見的標靶藥物治療，近年又研發出免疫細胞療法來抵禦癌症的侵襲。面對癌症，我們都希望病患能夠接受最好的治療，但我們又如何在癌症的治療方式與費用之間做取捨呢？

	化學療法	標靶藥物治療
費用	健保給付	除了少部分標靶藥物有健保給付以外，平均每個月的標靶藥物費用大約在15萬左右。
治療狀況	對病患身體造成無差別破壞，病患身體衰弱，容易產生噁心、掉髮、口腔潰瘍等副作用。	較能有效減緩癌細胞的成長，甚至達到控制、消除癌細胞的效果。
總結：當然沒有任何人能保證癌症可以透過標靶藥物的治療得到完全康復，但每一個家屬一定都希望病患能夠獲得痊癒的機會。但是在選擇標靶藥物的治療時，被經濟因素拖垮的家庭案例也不在少數，所以會建議大家透過重大疾病險、醫療實支實付、防癌險等保險商品規劃，把嚴重的疾病風險帶走，把握病患黃金治療期，同時也轉嫁後續高額醫療費用的產生。		

2、心臟支架

每年有超過15萬人次發生狹心症、心肌梗塞，輕微的患者時常會感覺到胸悶、換氣不順，嚴重的患者可能導致中風、猝死等狀況。除了輕微的狀況可以使用心導管、氣球擴張術等等的治療方式，其餘最常見的治療方法就是置放心臟支架，將阻塞的血管撐開，確保血液的流通順暢。當然，隨著醫療科技的進步，心臟支架的種類與功能也不斷推陳出新，其費用也大不相同。

	自費塗藥心臟支架	健保給付心臟支架
治療狀況	血管再次阻塞機率約為5%左右。	血管再次阻塞機率約為20%，若是患有心血管疾病、糖尿病，復發機率更高達50%。
醫療費用	醫療費用價格昂貴。 平均一根塗藥支架的價格約在5～6萬之間。	健保給付。

總結：心血管疾病如果發生再阻塞其實是相當危急的，同時也會提升後續手術的困難度，在經濟許可的情況下，會建議大家使用自費塗藥支架。然而，自費的心臟支架一次大約會使用2～3根，醫療費用大約落在15萬～20萬不等，對家庭來說著實會是一大負擔，這時可以透過醫療實支實付轉嫁高額醫療費用的風險。

接下來回到勞保的部分，既然我們都已經有勞工保險的老年給付了，為何還需要自己提存退休金呢？答案其實只有一個，那就是「不夠」。就像我在前面提到的，社會保險的給付並沒有辦法讓所有

人的狀況得到完善的保障，只能做到最基層的照顧而已。

　　讓我們以最簡單的勞保老年一次金來舉例，我們就算使用目前最高的投保薪資45800元去做計算，我們能拿到一筆給付的最高數字在200多萬元，這樣的退休金對一般人說足夠嗎？答案當然是否定的。

　　如果我們以退休後最基本的一個月3萬元退休生活費用來說，一年就要36萬元的退休金，假設退休後僅有20年要生活，這樣最基本至少就要有720萬元才能好好退休，而且這個720萬元的數字還不包含未來我們需要另外準備的醫療帳戶以及長照帳戶，所以勞保所提供的200多萬，是根本不夠的。說到這邊，相信各位對社會保險與商業保險已經有了基本的認識，也慢慢理解為什麼必須透過商業保險去補足社會保險不足的原因。

Chapter 2
風險來臨時，
我們準備好了嗎？

♥ 認識三階段四問題

　　我常跟我的客戶們分享，保險規劃只是一個工具，幫助我們減輕事故來臨時的負擔，而要不要使用這個工具是我們可以自己選擇的；但風險可就不一樣了，因為風險來臨時，它不曾給過我們任何選擇的機會。

　　有一位跟我感情很好的同事，曾開玩笑地跟我說：「明天跟意外不知道是哪一個先到？」身為保險從業人員，回答當然是：「這個很難講，有可能是意外會先到喔。」但他回答我說：「答錯了，是癌症先到。」

　　這個跳脫框架的回答，真是讓我意想不到。我一開始還誇讚他的幽默感，後來才知道這位同事是真的罹患過癌症才這麼跟我說。幸虧他的個性還算開朗，而且他的爸爸媽媽也很有保險觀念，在他在小的時候就投保了醫療險與癌症險，因此他才能輕鬆地拿這件事情來做茶餘飯後的玩笑話。

人生就像一條單行道,只能前進、不能回頭,而人生中可能順遂平安,亦有可能大起大落,保險的功用就在於幫助我們弭平人生大落時的損失幅度。但是在規劃保險之前,我們是不是應該先來了解人生有哪些階段,又有哪些比較嚴重的問題會對我們造成負擔及困擾,可以歸納成下表,分成「三階段和四問題」:

三階段	①撫養期　②奮鬥期　③養老期
四問題	①收入中斷　②失能／長年病的負擔 ③活得太短　④活得太長

現在,讓我們一一釐清這些風險會帶來什麼樣的問題。

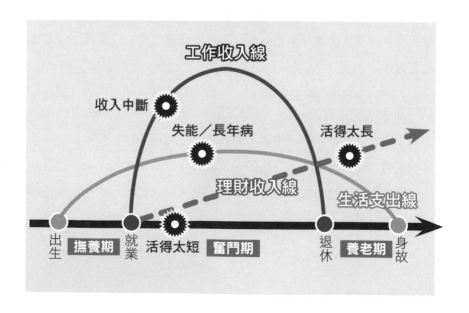

一、收入中斷

收入中斷可以分為「主動式收入中斷」跟「被動式收入中斷」兩種類型。主動式的收入中斷比較類似於自己提出辭呈或是被公司裁撤，而解決的辦法也相對容易，即提升自己的能力與經歷，並且找到下一份工作。

但我們在此要特別提到的是「被動式收入中斷」。通常會發生被動式收入中斷的原因，不外乎是發生意外或是生病。輕微的狀況僅是我們必須向公司請假，導致暫時沒有收入可以支撐本來的支出，但嚴重的狀況則是我們得被迫離開原職場，甚至是找不到後續的工作以支應我們接下來的生活費用。面對收入中斷這種類型的風險，著實令人擔憂。

二、失能／長年病的負擔

接下來我們要談論的風險，其實很像被動式收入中斷的延伸。發生失能以及長年病的原因大多也是因為意外以及疾病所致，而長期下來，這類型的狀況往往都是壓垮家庭的沉重負擔。重點是這些狀況不只導致我們收入中斷，甚至還必須長期從我們辛苦存下的積蓄裡提撥醫療費用、生活支出。在這蠟燭兩頭燒的情況下，是不是更令人煩惱？

三、活得太短

　　很多人告訴我：「活得太短有什麼問題的呢？」「如果我真的一走了之，對我說不定是一種解脫，哪會有什麼問題？」沒錯，對於我們自身來說，也許就只是心儀的女生還來不及告白，或是人生中還有一些夢想清單還沒有完成，僅此而已。但如果今天我們身上有背負著貸款以及家庭責任，例如：車貸、房貸等等，當我們不幸身故的時候，試問銀行的客服會打電話給我們的遺屬們說「ＸＸ小姐不好意思，您的配偶這次不小心意外走掉，我們也很不捨，所以接下來還有十幾年的房貸就不用繳納了」嗎？想當然爾，這個答案是否定的。其實很多時候，這個問題給我們的反思是也許我們周圍的親人還要繼續生活下去，我能否不成為他們的負擔，甚至讓未來的他們可以過得更順遂，至少不用為了金錢而擔憂。

四、活得太長

　　我的高中同學曾經和我說過：「這是我聽過最好笑的一個問題。活得太長這件事情有什麼好困擾的？」的確，在我進入保險業之前，我也從來不認為活得太長是一件多麼令人擔憂的事情，甚至還希望可以長命百歲、盡情享受大好人生，因為那時候活到一百歲對我來說還是好久好久好久以後的事。但醫療科技持續進步，人們的平均餘命不斷往後延伸，人口逐漸邁向老齡化，網路上的激勵話語也從「人生七十正精彩」慢慢改為「人生七十才開始」。這不禁讓我開始思考，如果我的退休生活從二十年延長到三四十年，該怎麼辦？

於是我來試算一下，如果我退休後，在不計算通貨膨脹的情況下，一個月的生活費要三萬元。

▶ **以二十年來計算：**
3萬×12個月×20年＝**720**萬元

▶ **以三十年來計算：**
3萬×12個月×30年＝**1080**萬元

如上方算式，我的退休生活僅從二十年延長到三十年，多出來的360萬我是否需要提早做準備，對我來說會不會是另一個沉重的負擔？更何況這個多出來的360萬退休金，前提是在我身體健康、完全沒有任何病痛的情況下準備的。如果我退休時不幸喪失生活自理能力，是否更是加速退休金的消耗、壓縮退休生活的品質？

♥ 未雨綢繆，預防勝於治療

人類之所以偉大是在於遇到的每一次瓶頸都能夠有所突破，遇到的每一個問題都能想出解決之道。但很多時候，如果我們等問題發生才來處理，往往已經來不及了，因為人生中有很多事情是不可逆的，不是遇到問題後想辦法把它解決就能完好如初、破鏡重圓。就好比風險損失這件事情，如果菜農知道颱風要來，他的做法一定是提前準備採收或是加強蔬菜的防護措施，而不是選擇等颱風侵襲後再來補救，不是嗎？

同理可證，當我們有機會遇到這些人生中的重大風險時，也許提前準備自己的防護傘會更勝於風險侵略過後的補救措施。現在，就讓我們來看看，針對剛剛提出的「三階段四問題」，我們有什麼解決辦法可以嘗試：

風險問題	主要影響	預防辦法
收入中斷	暫時沒有收入可以支撐我們的生活消費支出。	• 有 $ • 意外險 • 日額型醫療險 • 失能險（薪水補償）
失能／長年病	收入中斷以外，我們必須長期提撥醫療費用、生活消費支出。	• 有 $ • 意外險 • 醫療險 • 長期照護險 • 失能險（薪水補償）
活得太短	身前留下來的責任，成為身後家人們的負擔。	• 有 $ • 定期壽險 • 變額壽險
活得太長	提早燒光退休基金、妥協降低退休生活的品質。日漸衰老的身軀終將需要他人協助照顧，成為親屬們的負擔。	• 有 $ • 年金險 • 醫療險 • 長期照護險

也許眼尖的讀者已經發現了，每一個風險問題都存在著一個共通的解決辦法，那就是「有錢」。

 如果我們能夠像郭董一樣富有，我們會擔心收入中斷的問題嗎？

答案是不會，我們甚至可能還有機會開心地放下手邊工作，進而投奔其他專業領域。

 如果我們能夠像周董一樣富有，我們會擔心失能／長年病的問題成為家人的負擔嗎？

答案是不會，我們可能只會希望有更多的時間可以陪伴家人。

 如果我們像王董一樣富有，我們會擔心活得太短或是活得太長的問題進而成為家人的困擾嗎？

答案是不會，也許只有周圍的人會煩惱我們活得太長這個問題。

所以結論是，有錢人的風險承受能力比較高，他們不一定需要買保險。但我們是有錢人嗎？這個問題值得我們好好思考。

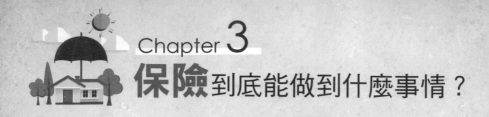

很多人常常問我：

「保險的種類這麼多，到底應該要怎麼規劃？」

「條款這麼複雜，看完眼睛都花了，怎麼設計自己想要的保單？」

其實我覺得這個問題應該反過來思考，到底我們想要保險幫忙做到什麼事情，這才是我們要的答案。

舉例來說，剛出社會的年輕人，希望在自己不幸發生車禍需要住院時，不會成為家人的負擔，也不用從辛苦打工存下來的積蓄裡自掏腰包，這時候年輕人最需要的險種可能就以意外險以及實支實付的項目為主。所以，與其像無頭蒼蠅一樣煩惱自己的保障應該如何規劃，我們應該要先想清楚自己需要透過保險商品獲得什麼樣的保障，才能真正買對屬於自己的保險。

當然，透過保險這個工具其實可以做到很多事情，但是如果我們先以最基本的保障層面來探討，我可以簡單並且幫大家依照「**順序性**」歸納出以下幾點保險的功能：

一、發生風險時不用花到自己辛苦存下的錢

二、擁有選擇醫療品質的權利

三、補貼自己無法工作時的收入

　　為什麼我先強調「保險的功能有順序性」呢？其實就好像去住飯店一樣，我們如果只想要基本的房型，有一張微硬的床、一個可以淋浴的空間，甚至不太穩定的空調，那當然費用不會太高；但如果我們想要住中等的房型，可能有張大小適中的沙發、稍微柔軟的床墊、懷舊復古的箱型電視、一個可以泡澡但腳卻無法伸直的浴缸，那我們可能得多付出一點點的預算；倘若我們想要住在總統套房，有著高級的液晶顯影電視、隨叫隨到的管家、九顆枕頭的高級床組、符合人體工學的按摩浴缸，那我們當然要付出不菲的價格來享受這些服務。

　　當然不是要跟大家表達購買保險這個行為就像住頂級總統套房一樣要花很多錢，而是要告訴大家，當我們想要保險幫忙解決人生中突如其來的所有煩惱時，保險其實也是有分等級的。**越完整的保險可以提供越多元的保障項目，而基本的保險當然也只能提供最基本的保障需求。**

　　千萬別害怕，保險本來就沒有一次買足的，因為它會隨著個人時間年紀、家庭負擔、社會責任、新型疾病的層出不窮、醫療科技的日新月異等等，需要定期做保單健診，進而調整自己身上的保障內容（人都需要做健康檢查了，保單難道不用嗎？）。所以，也不用太過擔心是否這一次的保險規劃就得一吻定終身了。

 **保障型保險的功能**

分別說明一下，上述歸納的保障型保險能為我們提供什麼功能：

一、發生風險時不用花到自己辛苦存下的錢

我幫很多第一次購買保單的客戶做過統計，在規劃保單之前都會詢問他們最希望透過保險能夠幫助他們完成什麼事情？而客戶最多的回答不外乎就是：「當發生事情時不希望成為家人和自己的負擔。」

這不禁讓我想到前輩曾經跟我講過的一句話：「**每個人都有責任，但不是每一個人都有責任感。**」所以每次當我遇到客戶這麼回答的時候，就不禁深深地覺得他們真的好棒。

每個人都希望發生風險時不用花到任何一毛錢，因為這樣就好像自己面對這次的事故時沒有損失一樣。雖然保險沒辦法讓我們一輩子無病無痛，但至少轉嫁損失這點，保險這個工具還是做得相當出色的。這剛好也是保險最初也最核心的概念之一──損害填補原則。而這個概念顧名思義即是我們因為這次的風險事故花了多少的醫療費用，透過收據上記載的金額，保險公司做全額實支實付的理賠。

因此，「**實支實付**」的險種是我建議每一個人最基本也最不可或缺的保障項目。但是要特別注意一點，不是當我規劃了實支實付後，我就可以無上限地使用醫療資源，因為通常實支實付會有一個使用上限的額度，當超過了實支實付能理賠的額度之後，剩下的費用就只能靠自己的荷包去給付了。

二、擁有選擇醫療品質的權利

除了當風險來臨時，不用自掏腰包以外，接下來許多人比較在意的點就是醫療品質這件事情。大家一定都遇過一個狀況，不管是在現實世界亦或是電視連續劇上都很容易出現，一位醫生或護理師拿著一張寫著「自費同意書」字樣的紙出現在你面前並且問著：

「**請問你要使用自費醫材嗎？**」
「**請問你有保險嗎？**」

這樣的畫面一經形容即歷歷在目，只是我們從來沒用第一人稱去試想過這件事情的發生。如果今天我們能夠選擇比較好的醫療品質並且不用自掏腰包，我相信大家都會毫不猶豫地把醫療資源用好用滿。下面我舉兩個例子來讓大家參考看看：

案例一

如果今天有Ａ、Ｂ兩種藥物可以服用，Ａ藥物有不少的副作用會讓身體感到不適，但是健保幫我們全額給付費用，我們不用另外自費購買；而Ｂ藥物的費用是1顆要價2000元，一天需要服用兩顆，總共需要服用5天，好處是康復得比較快，並同時可以降低其他副作用發生的機率。試問這樣的情況下，大家可能會如何做出選擇？對於有錢人來說，他們也許可以不用做任何的猶豫，但是對於一般的家庭來說，也許這會成為當天晚上家庭會議的主要討論項目。

案例二

醫生診斷我們接下來的十天需要住院，但這段期間我們只有健保病房跟單人病房可供選擇。健保病房的好處是不用另外自己額外花錢，但健保病房的缺點是我們在吃飯時隔壁的病人可能在排泄，我們在休息時隔壁的病人打呼聲震耳欲聾，來照顧病人的家屬可能也只有一張躺椅般的空間大小可以移動伸展，最嚴重甚至病患間還有交叉感染的問題；單人房就舒適多了，可以擁有自己獨享的電視遙控器以及冰箱以外，甚至探病的親友們也能有坐下來玩

團康遊戲的空間，也不用擔心是不是會被隔壁病患突如其來的夢話或打呼聲吵醒。但重點是單人病房一個晚上要價4500元，這十天下來的費用對於一個家庭來說何嘗又不是另外一個必須開啟家庭會議的主要原因呢？

但是，如果今天這兩個案例中的自費項目都是由保險公司來幫忙負擔，我相信所有人的答案都只會有一個，不是嗎？

三、補貼自己無法工作時的收入

解決了自費項目跟醫療品質都由保險公司來負擔的問題，就差不多可以滿足大多數人的保險保障需求。但開始有些責任負擔比較重的人會來詢問我：「**我是家庭支柱，收入來源全在我身上，我怎麼能一直住院休養。儘管我不用擔心醫療費用，我也還有三個孩子要照顧，收入沒有了該怎麼辦？**」

確實這件事情對家庭生計的維持來說也是一大挑戰。所以其實很多爸爸媽媽在向我詢問小朋友的保障內容時，我都會先提醒爸爸媽媽要確認家庭中的經濟支柱，以及其身上的保障內容是否足夠，畢竟蜘蛛人的電影就曾經告訴過我們「能力越大，責任越大」。但電影背後沒說出口的事情是，責任越大，風險保障的規劃也應該越大。

這部分的保障我就會建議大家除了可以使用「**日額型的保險商品**」、「**失能薪水補償險**」等等的項目去規劃除了每日病房費以及看護費的項目，同時評估自己的收入等級需要補上多少的日額保障，才能補貼自己無法工作時的收入，維持原本的生活開銷。送給大家一句話：「保險沒辦法改變生活，但是能防止生活被改變。」

❤ 儲蓄型保險的功能

　　「你不理財，財不理你」是近十幾年來，許多年輕族群都能琅琅上口的至理名言，同時也印證了台灣民眾在理財方面的觀念落實。說到理財，以前的人可能都只會聯想到定存、基金、股票，甚至是黃金、房地產等等投資理財工具，從沒想過原來保險也能夠做到理財這件事情。但是到了現代，除了保障型的保險之外，越來越多人喜歡透過保險工具來進行儲蓄行為，而台灣堪稱最愛購買儲蓄保險的國家，其最主要的原因就在於儲蓄型的保險有幾項只有它們才獨有的特點：

一、先存再花，落實強迫儲蓄
二、理財的同時，還能提供壽險保障
三、唯一的風險叫做時間風險

一、先存再花，落實強迫儲蓄

　　所有的人都想存錢，但不是所有的人都能存下錢，各位讀者認同嗎？台灣首富王永慶曾說過：「**你賺的一塊錢不是你的一塊錢，你**

存的一塊錢才是你的一塊錢。」儲蓄對所有人來說一直都是很重要的課題，但為什麼有些人做得到儲蓄目標，有些人卻總是成為月光族呢？其實很大的一個要點在於儲蓄的方式有所不同。

月光族的儲蓄公式→先花再存

月光族領到薪水時

－每個月固定的開銷（例如：孝親費、水電費、電話費）

－每個月不固定的消費支出（例如：生活費用、娛樂費用等等）

＝每個月不固定的儲蓄金額（甚至有可能透支，預借下個月的薪資）

高手的儲蓄公式→先存再花

高手領到薪水時

－每個月固定的儲蓄（例如：每月固定存下薪水20％）

－每個月固定的支出（例如：孝親費、水電費、電話費）

＝每個月相對固定的消費支出（可透過剩餘金額調整生活消費支出）

　　大家會發現，能否落實儲蓄這件事情，其實往往只在一念之間。如果我們都能夠稍微調整自己儲蓄的模式，甚至轉個念，讓自己養成先存再花的好習慣，一定可以離自己的理財目標更近一步。

二、儲蓄的同時，還能提供壽險保障

　　儲蓄型保險的第二大特點，在於一邊完成理財目標的同時，還能夠提供民眾高額的壽險保障。這樣類型的商品設計，正好符合許多人內心的需求，達到一石二鳥的功用。但是我們在這邊也要提醒讀者，雖然大部分的儲蓄險都稱為終身壽險或是增額壽險，但並不是每一個保單的條款內容都會以「保額」做為身故理賠金的計算。市面上許多儲蓄商品仍然有以「所繳保費加計利息的退還」、「保單價值準備金」作為其身故理賠金的設計，所以在規劃儲蓄險的同時也可以多留意身故保障這一個區塊的條款內容是否符合自身的需求。

三、唯一的風險叫做時間風險

　　儲蓄型保險的第三大特點，在於其保單條款確定的預定利率，

在一定的保單週年日滿期後會有相對保本的功能。人都喜好追求高報酬的投資理財商品，這是人之常情。但高報酬時常伴隨著高風險，所以投資失利，甚至破產負債的消息時有所聞；不可否認的是，台灣人民大部分的資產仍趨於保守，資產大多都配置在沒有風險或是風險相對較低的帳戶，因為台灣仍然保有「人生中總是得有一筆沒有風險的錢」的傳統觀念。而儲蓄險在適當的配置下，剛好符合這樣的概念。

為什麼會說儲蓄險在「適當的配置下」，剛好符合這樣的概念呢？其實是因為儲蓄型的保險雖然不像基金、股票，有高低起伏的淨值波動，但是儲蓄險有時間的風險，必須有一段的閉鎖期，若是提早解約可能會有解約金低於所繳保費的狀況發生。所以，如果各位有儲蓄險的需求，我們會建議大家必須先評估自身每個月的理財矩陣、現金流狀況，規劃適當的儲蓄險額度。（理財矩陣會在後面P.073為大家說明）

舉例說明

阿明月薪3萬元左右，他每個月的固定儲蓄金額大約會落在20%～30%左右的水平；如果在沒有緊急準備金的情況下，購買大約6000元／月額度的儲蓄型保險對他來說並不會太負擔，並且可以逐步幫他達成自己的理財目標。

但如果他為了給自己儲蓄的壓力，在不經大腦思考的情況下，衝動規劃了大約20000元／月的儲蓄計劃，試問

各位會不會覺得太過負擔？我相信答案是肯定的。因為如果我今天突然要使用到一筆不小的開銷，或是我有工作上的轉換空窗期，又必須同時負擔每個月20000元的儲蓄計劃，這樣的情況下，我勢必得調整儲蓄保險的額度，甚至解約虧損。

所以，雖然儲蓄型的保險沒有太多淨值波動的投資風險，甚至還有相對確定的解約金設計，但還是必須提醒讀者，它有時間上的閉鎖風險。但只要在適當的額度下做好資產配置，這個時間風險即可以輕易地被避免。

〔阿明的理財矩陣〕

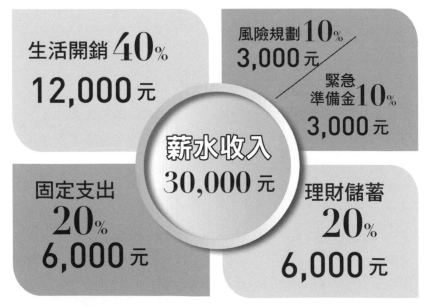

生活開銷 **40**%
12,000元

風險規劃 **10**%
3,000元

緊急
準備金 **10**%
3,000元

薪水收入
30,000元

固定支出
20%
6,000元

理財儲蓄
20%
6,000元

＊註：理財矩陣會在P.073為大家說明

　　另外，值得一提的是，很多專家學者會告訴我們儲蓄最大的風險是通貨膨脹，做單純的儲蓄計畫只是讓自己的資產變小，應該去追求更高報酬率的規劃。但在這邊必須提醒大家，其實不論是投資各項金融商品或是儲蓄型的計畫，我們隨時都在經歷通貨膨脹，所以並不是只有儲蓄會面臨這樣的通貨膨脹風險，反而最正確的做法其實是透過儲蓄計畫累積資本並且做相對穩當的定期定額投資，才能真正的協助自己富足人生。

Part 2 🏠
如何檢視身上的保單
（保單百百種，你是哪一種？）

Chapter 1
你的防護傘，靠得住嗎？
——全險保障的重要性

在正式進入這個章節之前，我想請問各位有沒有經歷過一個狀況，就是長輩們會這樣告訴你：「**保險買了都不會賠，保險是騙人的。**」這類型的聲音在我早期踏入保險業時層出不窮，甚至到現在都還有機會聽到長輩這麼跟我說（站在他們的立場可能覺得是一場非贏不可的辯論）。雖然這個狀況常常讓我哭笑不得，但其實這也不能怪他們，因為他們確實這麼經歷過，也確實這麼相信著。這讓我不禁想去了解這些長輩們問題背後的原因到底在哪裡。

隨著時代的演進，保險觀念的重要性與接受度早已大幅提升，學生有學生保險、勞工有勞工保險、軍公教也有軍公教保險，大部分的人都能理解保險的重要性跟好處，可能純粹只是不喜歡被推銷的方式而已。但為什麼還是有少許的長輩們認為保險是沒有用、是騙人的呢？我在市場上服務了一段時間後，發現這個狀況大概有三種解答可以供大家參考：

一、規劃的保險內容是「半險」而不是「全險」

二、誤把儲蓄型保險當成保障型保險

三、對保險理賠上的認知錯誤

其實歸納出這三種解答的主要目的不是為了讓我們可以在跟長輩的辯論之中取得上風，反而是為了給想要理解如何規劃保險的讀者們一盞明燈，不要讓自己也因為一樣的原因成為保險的冤大頭。以下讓我來一一為大家說明：

🛡 規劃的保險內容是「半險」而不是「全險」

　　很多人可能是第一次聽到全險跟半險這樣的名詞，所以有點一頭霧水，讓我們換句話說可能就會稍微容易理解一點。其實「半險跟全險」可以想像成「單點和套餐」的概念。如果今天我們到速食餐廳只有單點一個漢堡，理所當然我們只會獲得一個漢堡，但是會有人質疑餐廳為什麼單點漢堡卻沒有飲料喝、沒有薯條吃嗎？正常的狀況下不會有人提出這樣的疑問，因為大家清楚且明白地知道自己只有單點一個漢堡。

　　保險其實也是一樣的概念。如果我今天只單點了一個防癌險，試問我真的不小心發生車禍時，我的防癌險會針對我的意外事故啟動理賠嗎？答案當然是不會理賠，因為車禍是不屬於癌症險理賠範疇的。同理可證，如果今天我們只有規劃意外險，但是當我很不幸罹患癌症時，雖然我很意外，但是治療癌症的醫療行為並不屬於意外險給付的範圍，所以也無法獲得理賠。

　　既然如此，為什麼會有人不了解自己購買的是全險還是半險呢？除了一方面可能有不肖的業務員做不當的銷售，另一方面是因為保險的內容相當複雜，大部分的人可能在規劃保單過後，不太記得自

己當初購買的所有內容，會認為自己有繳保費就應該獲得所有層面的保障，但實際上他可能不知道自己規劃的保障內容是「**半險**」而不是「**全險**」。（這部分當然也要靠業務員的努力跟誠實去做推廣。）

♥ 誤把儲蓄型保險當成保障型保險

這類型的狀況也是很常見的一個現象。在此跟大家分享一段經歷，曾經有一位大哥告訴我：「**我一年繳了20幾萬的保費，結果上次從樓梯上摔下來腦溢血，手術開刀休養之後想說要來申請理賠，結果花了一堆醫藥費，保險公司才賠一點點，保險根本沒什麼用。**」當然聽完大哥的敘述之後，我馬上就幫大哥做保單健診，想確認一下到底是什麼樣的保障內容這麼不合理，深怕客戶是不是在理賠的權益上受損。

結果保單不打開還好，一打開發現大部分的保費都落在儲蓄險跟壽險上，醫療險、意外險、癌症險的內容基本上寥寥無幾。當了解全部的表單內容後，為了讓不太相信保險的大哥理解身上的保單基本上沒有太多保障型的功能。於是我拐個彎詢問大哥幾個問題：

「**請問大哥，這裡是否就是全部的保單？**」我問道。

「**沒錯，我就只有這些保單。**」大哥眼神堅定地回覆我。

「**當初業務員有沒有推薦其他意外險、醫療險的規劃？**」我再次提出詢問。

大哥看著我想了一下，點了點頭，但他也很直率地跟我說明，當初在買保險的時候，他跟業務員說，拿不回來的保險他一律不要。

「那……大哥，您明白身上大部分的保費都是放在儲蓄險嗎？」我輕聲問道。

「是這樣子嗎？所以儲蓄險，不是儲蓄跟保險的意思嗎？」大哥內心開始有點動搖地反問我。

「**其實儲蓄險是壽險的一種，但發生意外或是醫療行為的時候，儲蓄險是沒有辦法做理賠的。**」

講到這裡，大哥已經開始有點理解我想表達的意思。我相信讀者們也都能理解其實儲蓄險有其儲蓄的意義，但它無法取代意外險或是醫療險的保障，真正在發生事情的時候也許儲蓄險可以解約拿回一筆救命錢，但沒辦法與保障型的意外險、醫療險相提並論。

♥ 對保險理賠上的認知錯誤

其實保險條款對於一般的人來說是很複雜的，所以協助客戶辦理理賠真的不是一件容易的事情，尤其是客戶跟業務員的認知有落差時更為麻煩。再跟大家說個網路小故事：

網路故事

有一天，一對夫妻吵架過後，丈夫自討沒趣地去跟家裡的貓玩。

妻子大聲地吼道：「你跟那隻豬在幹什麼！」

丈夫驚訝地看著妻子，並回說：「這是貓，不是豬！」

妻子接著說：「我是跟貓說話，你插什麼嘴？」

網路故事的背後總是隱藏很多人生的大道理，也許有些人會覺得這只是網路小故事而已，怎麼會輕易發生在我們自己身上？但其實你我生活的周遭就常常發生這樣的狀況，只是我們常常不自覺。記得我有一次去剪頭髮，我跟理髮師説「剪一點點就好」，結果理髮師卻把它「剪到剩下一點點」。每當想起這件事情都會讓我好氣又好笑，但後來知道類似的事情不是只會發生在我身上而已，便也釋懷了。

　　很多人都站在自己的角度，用自己的認知去處理事情，這很正常，但是當事情與自己的期望發生落差時，便會產生相對的剝奪感。在保險的領域裡，最簡單的例子就是有些客戶會問我，為什麼小感冒去看醫生掛號門診，保險居然不理賠？這樣他買保險要做什麼？於是，我都會反問他們：「**請問你們買保險的目的是為了擔心感冒時，無法承受感冒這樣的風險嗎？**」當然面對客戶時，我的語氣會稍微委婉一點，並且耐心地解釋條款內容的理賠範疇給客戶聽。

　　但是我想讓大家理解的事情是，保險條款的內容是死的，保險不會騙人。也許有時候是業務員疏忽，沒有做太詳細的解釋；又或者業務員解釋過後，客戶時間一久就不小心忘了，這些事情都非常有可能發生。所以，當大家有認知錯誤的時候，不管是客戶還是業務員都應該更有耐心地互相對待彼此。

Chapter 2
認識全險架構表
——先看清再看懂

　　透過上個章節為大家解釋半險以及全險的差別之後，相信你已經多多少少開始有點擔心自己的保障到底夠不夠完整，是不是有種想要翻閱自己保單的衝動？請先不要著急，因為整個全險的保障範圍很大，條款內容也很複雜，與其一頭霧水地踏進複雜的文字迷宮，不如我們先一探究竟全險的保障到底應該長什麼樣子，這樣大家也會比較有概念。

　　不過，在此之前，我一定要先幫大家做心理建設，「世界上沒有最好的保險，只有最適合的保險」。並不是一定要規劃全險才叫做最好的保障，也不是購買了全險就能夠萬無一失。保險的購買與保障額度的規劃最終還是得回到「評估」自己的家庭責任、工作風險、薪水等級、支出負擔等等許多重要的因素。

　　在之後的章節，我也會跟大家分享如何評估自己的現況，透過幾種不同的工具規劃或是調整自己的保障額度。但是首先，我們必須先清楚地知道「全險架構表」的模樣。

♥ 全險架構表

以下這個「全險架構表」包含最基本的五項險種。（其實當然還有少數特別的保險商品沒辦法直接分類填進去全險架構表，但這份統整表已經可以將目前市場上大部分的保障型保險商品做到基本的分類。）

壽險	意外險	醫療險	重大疾病險	長照險
身故保障 ＿＿＿＿萬	大 身故／失能 ＿＿＿＿萬	住院日額 ＿＿＿＿元/天	重大疾病 重大傷病 一筆給付＿萬	長期照顧 ＿＿單位 （＿萬／月）
	中 意外住院 ＿元／天	定額手術給付 ＿×手術倍數	防癌險 ＿ 單位	
	小 實支實付 ＿＿＿＿萬	實支實付 ＿＿＿＿型 （＿＿＿計畫）		
	強 骨折險 ＿＿＿＿萬			
	強 薪水補償 ＿＿＿＿萬			

＊註：劃線空白處即為目前尚未規畫之保障

透過全險架構表的圖像化，除了可以幫助讀者們釐清自己的保障區塊完整與否，也可以協助大家記憶自己的保障內容。雖然我知道很多人看到空格就想把它填滿，讓自己的保障趨於完整，但是我要提醒大家，保險本來就是有先後順序的，有能力的保戶當然可以做得完整，但如果在預算有限的情況下必須做取捨的話，我們則會優先針對個人必備的基本險種做選擇。

接下來，先讓我們來認識一下全險架構表內的各個保障區塊：壽險、意外險、醫療險、重大疾病險、防癌險、長照險。

 **認識壽險**

我相信大部分的民眾對於壽險的認知即是身故可以讓我的家人領到一筆理賠金，而這筆理賠金的目的，是至少不用擔心未來的喪葬費用或是配偶、家人們接下來要面對的生活支出。但我要告訴各位，所謂的壽險，其實是跟生命有關的保險，可以分成「生存險」跟「死亡險」，以及兩者功能同時並存的「生死合險」。

生存險其實就很像我們大部分的人都知道的儲蓄險，只要被保險人於保險期間屆滿仍然生存時，保險公司就會依照契約所約定的金額給付保險金，生存保險通常以儲蓄的目的為主；而死亡險其實就是我們常說的身故理賠金，用來保障我們不幸身故時，不至於成為家人的累贅，甚至可以減輕家人的負擔。而生死合險的設計，其實是綜合「生存險」與「死亡險」，若被保險人在保險期間屆滿仍然生存時，則可領取生存保險金；若不幸身故或失能，則領取身故或失能保險

金。此種保單兼具儲蓄以及保障的雙重功效，是目前市面上大部分的民眾最喜愛的保險商品。

所以大家可以很明確地知道一件事情，不管是生存險、死亡險還是生死合險，它們在名稱上也許都稱為終身壽險，但實際上在身故理賠的時候，效果卻大大地不同。以保障為主的死亡險，通常可以將保障額度做大，以完整我們想要保障家人後續生活的美意；而儲蓄為主的生存險通常沒辦法提供這類型的功能。**所以，當我們在評估全險架構表的壽險區塊時，通常會以保障型的死亡險為主，另外將生存險列於全險架構之外。**

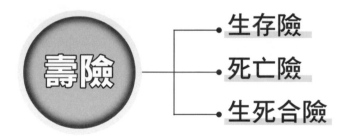

備註：通常壽險的保額單位都是以「＿＿＿萬元」來做呈現。
例如：我的壽險保額有100萬元。

♥ 認識意外險

「意外，總是來得又快又急，同時也讓人措手不及。」這是大部分的人對於意外的想像，所以只要是出乎意料的事情，大家都會想

要直接歸責給意外。但在保險的條款內，實則不然。意外險顧名思義是遭受「意外傷害事故」而造成的失能或死亡，故意外險也有另外一個常見的名稱叫做「傷害險」。而保單條款中對於意外險有一個明確的定義——「非由疾病引起之外來突發事故」，雖然只有短短的13個字，但其中卻隱含著相當重要的意外「關鍵三要素」：

一、非由疾病引起：

這次的風險事故不是由體內的任何疾病狀況所引發的。舉例來說，我如果今天不幸罹患了盲腸炎，必須住院並進行盲腸切除手術，全家人都非常意外，但是這次的盲腸炎事故並不屬於意外險的範疇。

二、外來因素：

這次的風險事故必須有外傷。舉例來說：如果是挫傷或是燙傷等等有顯而易見的外傷狀況當然屬於意外，這是沒有爭議的；但如果醫生的診斷證明沒有標明**意外碰撞**造成扭傷或是發炎的狀況下，單純只寫到「扭傷」或是「發炎」的字眼，保險公司通常會以意外險無法理賠結案，會非常容易與保險公司發生理賠上的糾紛。

三、突發事故：

這次的風險事故必須是突然發生的。這個要素就比較好理解了，簡單來說這次的風險事故必須無法被算計，舉例來說：我已經預料到我等等會從五樓跳下去（這叫自殺）或是三分鐘後故意走到馬路上被汽車撞到（這叫汽車糾紛詐騙）等等的狀況。

意外險的架構大約可以依據嚴重程度分類如下：

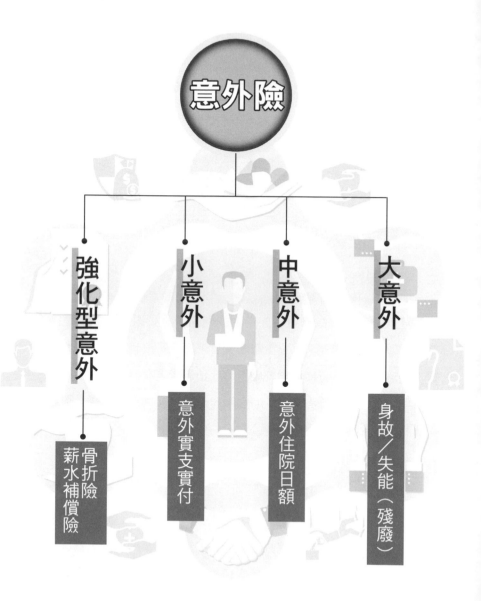

意外險

強化型意外 ─ 骨折險 薪水補償險

小意外 ─ 意外實支實付

中意外 ─ 意外住院日額

大意外 ─ 身故／失能（殘廢）

1. 大意外：

「意外身故／意外失能」是屬於最嚴重的意外狀況，最簡單的例子就是我們出門後卻發生意外事故沒有回來，也就是俗稱的意外死亡，同時也是大家最不樂見的狀況之一。這個險種除了會給付一筆身故理賠金以外，通常還會包含依據失能等級表的11級79項失能狀況做定額理賠，另外也含有重大燒燙燒、失能補助等等的理賠項目。

備註：通常意外身故／失能險的保額單位都是以「＿＿＿萬元」來做呈現。
例如：我的意外身故／失能險，保額有200萬。

2. 中意外：

「意外住院日額」保障的意外住院是屬於稍微嚴重的意外狀況。正常意外發生到判定需要住院的狀況，以車禍意外、骨折導致住院最為常見，而其住院天數基本上最少都是5～7天左右的時間，還會視意外的嚴重程度增加住院天數。這個險種最主要的功能，除了彌補保戶無法工作時的收入中斷以外，尚需要看護人員的照顧費用或是家人放下手邊工作的陪伴。這個險種通常還會附加骨折未住院的半額給付。**（骨折未住院的解說可以詳見Part 3的規劃「意外險」眉角）**

備註：通常意外住院日額的保額單位都是以「＿＿＿元／天」來做呈現。
例如：我的意外住院日額為3000元／天。

3. 小意外：

「意外實支實付」，簡單來說就是在規定的限額內將意外事故造成的醫療收據做全額理賠，換句話說就是花了多少醫療費用即理賠

多少金額的意思，是最具有保險意義與功能的險種，可以提供保戶「發生事情不用花到自己的錢」的功能。通常使用在意外碰撞造成的挫傷、燙傷、車禍擦傷等隨處可見的意外事故。

備註：通常意外實支實付的保額單位都是以「限額____萬元」來做呈現。
例如：我的意外實支實付限額為3萬元。

4. 強化型意外：

顧名思義即為加強型的意外保障。通常除了大中小意外的保險是必備的以外，我們會針對需要另外補強的意外缺口做規劃，最常見的意外缺口即是骨折、薪水補償的區塊。因為一旦發生骨折或是無法工作的狀況，對於很多人來說都不只是沉重的負擔而已，而是大家得面臨後續收入中斷這個更大的威脅。值得一提的是，骨折險通常都是以當次骨折的骨頭佔全身的比例重要性去理賠。而薪水補償險則是透過保單條例約定，將保額乘上固定比例做為理賠金的計算。

備註：骨折險的保額單位是以「____ 萬元」來做呈現。
例如：我的骨折險保額為50萬元。
備註：薪水補償險的保額單位是以「__ 萬元」。
例如：我的薪水補償險保額為100萬元。

 認識醫療險

醫療險其實是最複雜也最容易有爭議的險種，因為醫療科技的發達，不斷有新樣態的手術跟藥物研發，同時保戶們對於醫療險理賠的範疇又有許多的不了解，所以時常會發生「保險公司為什麼不理賠」的窘境。常常有人問我：「**感冒去看醫生，為什麼我的醫療險不**

理賠？」相信很多人在真正認識醫療險之前，也同樣認為普遍只要跟醫生有關的看診就屬於醫療險給付的範疇。現在讓我來幫大家整理一下醫療險的定義：

醫療保險的條款裡面寫著：「被保險人於本契約有效期間內因約定之疾病或傷害**住院診療**時，本公司依本契約約定給付保險金。」

所以結論是，不管我們是因為生病或是意外受傷的狀況，關鍵點在於我們這次的事故有沒有**住院接受治療**，對嗎？

現在看完條款內容，還會有人提出「為什麼看醫生掛號，醫療險卻沒有理賠」的疑問嗎？我相信這個提問的人數應該會降低不少，但依然還是有人會對於條款的複雜感到困擾。另外，又加上現行的醫療保險除了單純的住院治療以外，還新增了門診手術的給付項目，時常讓保戶們感到頭昏眼花。於是，現在發生事故時我都會先透過兩個簡單的問題來做引導，一方面幫助客戶們培養保險理賠的觀念，二來也幫助大家釐清自己的保險到底能不能理賠這次的事故：

一、「請問這次事故是因為意外還是疾病？」

首先，我們先確認這次風險發生的成因，並且評估這次是用何種保險來做理賠。如果是意外狀況，就必須符合「非由疾病引起之外來突發事故」的定義，基本上如果有意外實支實付都能啟動理賠；如果是疾病狀況，則接下來透過第二個問題來判斷是否醫療險可以啟動。

二、「請問有沒有住院或是動手術？」

如果有住院的情況，基本上日額型、實支實付型的醫療保險都可以啟動；而手術的部分可以分成住院手術以及門診手術，有施行住院手術即有符合醫療險啟動的定義，所以只需要特別評估此次手術是否屬於門診手術，保單條款內是否涵括門診手術的給付。

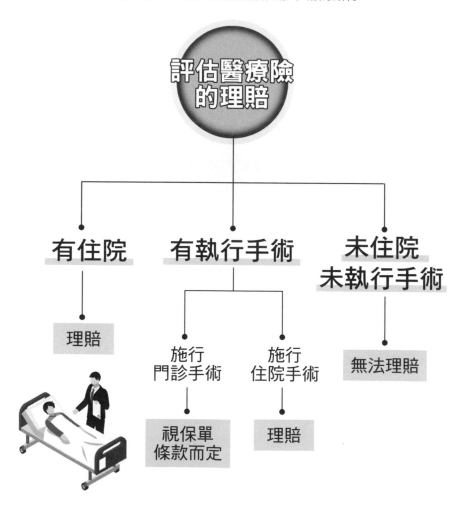

醫療險的種類基本上可以區分成三大項目：

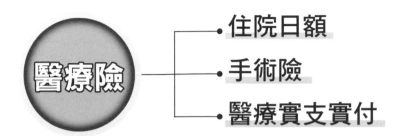

1.「醫療住院日額」

　　屬於最基本的醫療保險，是大家接觸最早期的醫療險。通常分成終身型與定期型兩種，而終身型的醫療住院日額保險也是各位讀者熟知的「終身醫療」。因為大部分的保戶都以「1000元／天」為保額，故也被大家俗稱為「住院幾天就賠幾

千」的保險，但其實它還有很多的內容細項，例如：住院前中後的定額給付（前面的門診、中間的住院、後面的出院療養）、手術的定額給付等等。定期型的醫療住院日額也相當常見，但是險種內容就相對終身醫療來得簡單，僅針對日額乘上天數來做理賠。

備註：通常醫療住院日額的保額單位都是以「＿＿＿元／天」來做呈現。
例如：我的醫療住院日額，保額有2000元／天。

2.「醫療手術保險」

　　是針對目前台灣的住院手術以及門診手術做理賠，與日額型的醫療保險同樣屬於定額給付，但差別在於賠付的計算方式不同。手術保險最主要是針對所施行手術的嚴重程度，去將保額乘以手術給付倍數。舉例來說，如果我的保額為「**1000×手術倍數**」當我不幸罹患盲腸炎必須進行盲腸切除手術，盲腸切除的手術倍數為20倍，那針對這次的手術險理賠金額即為**1000 × 20 = 20000元**。

> 備註：通常醫療手術保險的保額單位是以「＿＿＿×倍數」來做呈現。
> 例如：我的醫療手術保險為1000×倍數。

3.「醫療實支實付」

　　是所有保障型險種裡面最重要最不可或缺的一環。其功能性之強大在於可針對住院之升等病房費用、高額的雜費＆手術費做一定額度內的限額收據實報實銷。其概念與意外實支實付如出一徹，不過因為醫療險與意外險的定義不同，故讀者可以發現意外區塊和醫療區塊各有一個獨立的實支實付險種。值得一提的是，如果今天發生意外導致住院，醫療實支實付以及意外實支實付皆可同時啟動。

> 備註：通常醫療實支實付的保額單位都是以「＿＿＿計畫」，或是換算「＿＿＿元日額／天」來做呈現。
> 例如：我的醫療實支實付限額為20計畫。

認識重大疾病／傷病險

　　其實最早期並沒有所謂的重大疾病險，而是因為重大疾病發病率越來越高，其治療所花費的金額更是節節攀升，因此，保險公司從醫療險中延伸出針對這類型疾病所做的額外條款保障。

　　相信很多人聽過重大疾病這個名詞，那到底什麼是重大疾病呢？重大疾病一共分為七大項重大疾病，以部位來區分，從頭到腳分別為：

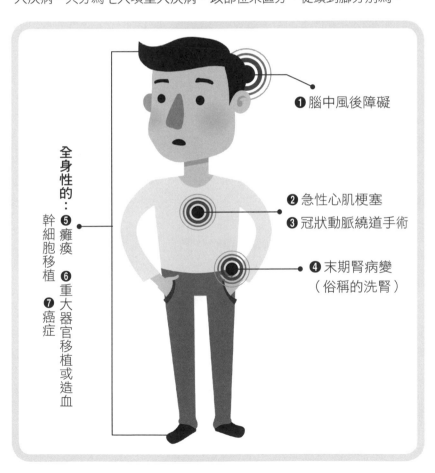

❶ 腦中風後障礙

❷ 急性心肌梗塞
❸ 冠狀動脈繞道手術

❹ 末期腎病變
（俗稱的洗腎）

全身性的：
❺ 癱瘓
幹細胞移植
❻ 重大器官移植或造血
❼ 癌症

另外，還有一個險種大家常會跟重大疾病險一起比較，即是「重大傷病險」，這邊也先簡單地跟大家介紹，後面章節將會有更完整的說明。

重大傷病險：

針對重大傷病做給付，依照政府所提供的重大傷病各項疾病項目參考表為主，共有22大類，300多種疾病。一般在重大傷病險中，理賠條件多為客戶拿到重大傷病卡為依據。簡單來說，就是若拿到重大傷病卡，又要條款沒有額外規則，則多半可理賠。

重大疾病主要針對病情嚴重的急、慢性病為主；重大傷病主要針對需要長期治療的慢性疾病為主。以上，為重大疾病及重大傷病簡單說明，以上兩種險種，皆以**一次性**理賠為主，也就是說當我們購買重大疾病200萬保額時，若不幸罹患重大疾病，則保險公司直接理賠我們200萬這個數字。

備註：通常重大疾病／傷病的保額單位都是以「＿＿＿萬」來做呈現。
例如：我的重大疾病／傷病保額為200萬。

用表格一次搞懂
重大疾病險、重大傷病險

險種	重大疾病	重大傷病
理賠範圍	**七項重大疾病：** • 癌症 • 腦中風後殘障 • 急性心肌梗塞 • 冠狀動脈繞道手術 • 末期腎病變 • 重大器官或造血幹細胞移植 • 癱瘓	由行政院衛生福利部公告，目前包括22大類374項。 （原始公告之重大傷病為30大類，但重大傷病條款有8大類的除外項目，故重大傷病理賠範圍為22大類。）
理賠方式	經**醫師診斷**，符合條款載明之重大疾病，即可獲得一筆給付之保險理賠金。	保戶需領有全民健保核發之**重大傷病證明**，方能取得一筆給付之保險理賠金。
特別注意	重大疾病於105年1月1號有改版。 分為「甲型」、「乙型」，提供「重度」、「輕度」的兩種保障。 甲型：針對**重度**重大疾病。 乙型：同時包含**重度**和**輕度**重大疾病。 癌症相關定義於108年有做修正：分為初期、輕度、重度。（分類詳下圖）	本險重大傷病範圍為「全民健康保險重大傷病範圍」，但不包含以下項目： 一、遺傳性凝血因子缺乏。 二、先天性新陳代謝異常疾病。 三、心、肺、胃腸、腎臟、神經、骨骼系統等之先天性畸形及染色體異常。 四、先天性免疫不全症。 五、職業病。 六、先天性肌肉萎縮症。 七、外皮之先天畸形。 八、早產兒所引起之神經、肌肉、骨骼、心臟、肺臟等之併發症。

♥ 認識防癌險

　　防癌險也是屬於醫療險延伸的險種，因應近十幾年來癌症患者越來越多，所以保險公司也推出了針對癌症累積性花費所做給付的險種。

　　在近十幾年來，罹癌率逐年提升，根據衛生福利部統計，2018年惡性腫瘤（癌症）為國人十大死因之首，總共佔死亡人口的近三成。相信大家對惡性腫瘤或是癌症並不陌生，身邊多多少少也會有癌症的患者。當然在這科技進步的時代，癌症治癒率大幅提升，但治療費用卻也成正比地直線上升，這也是為什麼防癌險已經成為國民的必備險種的原因之一。

　　基本上，這邊提及的防癌險主要是針對癌症周邊累積性的高額花費，像是針對初次罹患癌症、癌症住院、癌症門診、放射線治療、化學療法等等，依照每一間保險公司的條款依據為主，做定額給付。像是早期的治療方式沒這麼多元，就會以較高額的初次罹癌為條款設計，近幾年的防癌險多以針對各個項目定額理賠為主。

　　另外，滿多客戶會詢問有關標靶藥物的治療，是否能用防癌險來給付。以目前接觸到的防癌險來說，這個項目是沒有被列入的，所以通常標靶藥物的部分會用醫療實支實付（有住院）的險種或是重大疾病險來做補強。

備註：通常防癌險的保額單位都是以「＿＿＿單位」來做呈現。
例如：我的防癌險保額為1單位。

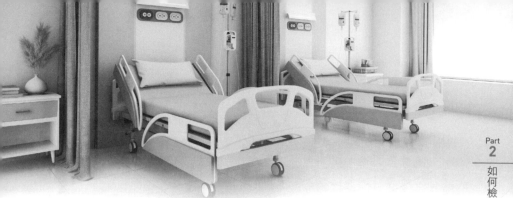

　　相信眼尖的讀者會發現，重大疾病險與防癌險有一個共同的理賠項目，也就是癌症，在這兩個險種中針對『癌症的定義』也會隨著醫療科技的發達、醫學檢測技術的進步而不斷做調整。

　　目前最新的癌症相關定義於108年有做修正：分為初期、輕度、重度。

罹癌程度	包含的病況範圍
初期	• 原位癌 • 零期癌 • 第一期惡性類癌 • 第二期（含）以下且不是惡性黑色素瘤的皮膚癌
輕度	• 慢性淋巴性白血病第一期和第二期（依Rai氏分期系統）10cm（含）下的第一期何杰金氏病 • 第一期前列腺癌 • 第一期膀胱乳頭狀癌 • 甲狀腺微乳頭狀癌（甲狀腺內1cm以內） • 邊緣性卵巢癌 • 第一期黑色素瘤 • 第一期乳癌 • 第一期子宮頸癌 • 第一期大腸直腸癌
重度	初期和輕度以外的癌症狀況

❤ 認識長照險

　　全名為長期照護險，也有人會稱為長期看護險。近幾年來，因台灣漸漸走向超高齡社會，根據國家發展委員會報告，台灣已於1993年進入高齡化社會，2018年進入高齡社會，估計將於2026年進入超高齡社會，屆時每10人當中，將會有4人為65歲以上老人，4人當中將有1位為85歲以上老人。也因此，在台灣近幾年越來越多老年人口晚年需要被長期照顧，政府開始推動長照2.0，社會保險有缺口時，大家就會開始尋求轉嫁風險的方式，保險公司才會推出長照險，來讓大家能夠轉嫁風險。

　　評估長照險的啟動條件主要為以下兩點：

一、生理功能障礙（失能）：

　　判斷依據為六項指標——

 進食障礙：
須別人協助才能取用食物或穿脫進食輔具。

移位障礙：
須別人協助才能由床移位至椅子或輪椅。

 如廁障礙： 如廁過程中須別人協助才能保持平衡、整理衣物或使用衛生紙。

沐浴障礙：
須別人協助才能完成盆浴或淋浴。

平地行動障礙：雖經別人扶持或使用輔具亦無法
行動，且須別人協助才能操作輪椅或電動輪椅。

更衣障礙：須別人完全協助才能完成穿脫衣褲
鞋襪（含義肢、支架）。

　　進食障礙、更衣障礙、平地行動障礙、移位障礙、沐浴障礙、
如廁障礙，根據醫生使用巴氏量表評估，若上述六項，有三項無法自
理，則視為進入長照狀態。

　　用口語化來記憶就是：食、衣、住、行、沐浴、如廁，6中3，
則啟動長照險。

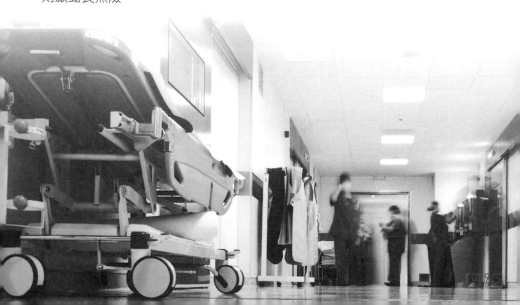

二、認知功能障礙（失智）：

判斷依據為三項指標——

 時間的分辨障礙：
經常無法分辨季節、月份、早晚時間等。

 場所的分辨障礙：
經常無法分辨自己的住居所
或現在所在之場所。

 人物的分辨障礙：
經常無法分辨日常親近的家
人或平常在一起的人。

　　根據醫生使用依臨床失智量表（CDR）評估，若三項有兩項，無法分辨，則視為進入長照狀態。

　　根據目前長照險的理賠方式為定額給付，在確診進入長照狀態後，依照各家條款不同，免責期大多為90天，90天後會啟動理賠。理賠方式又依照條款不同分成月給付、年給付，這個部分是購買時值得留意的地方，因在保險公司理賠端，每一次的給付都須提供證明文件，所以，若為年給付只需每年提供一次文件；我們通常以平均一個月理賠金為2萬，視為1單位。

備註：通常長照險的保額單位都是以「＿＿單位（＿萬／月）」來呈現。
例如：我的長照險保額為1單位（2萬／月）。

Chapter 3
如果我**沒有保單**，我應該怎麼買？

很多朋友開始有了保險觀念後，都會來詢問如果自己在沒有任何保單的情況下，到底要怎麼開始規劃自己第一張的保單？到底買保單應該要優先考慮什麼事情？

其實答案很簡單，不知道大家有沒有思考過，我們平常買東西的時候會注意什麼事情呢？舉例來說，如果我們今天想要買一隻手機，除了品牌、服務人員等等的變項因素以外，大家還會考慮什麼呢？大家最主要考量的點應該不外乎就是「價格」、「型號」、「什麼時候購買最適當」，對吧？

而買保險其實就跟買手機一樣，不用想得太複雜，除了保險公司、業務人員等等是我們可以自己選擇的以外，我幫大家歸納出買保險時最基本也最主要考量的三個要點：

購買保險的要點，看三件事情：

一、「價格」—— 要用多少的預算？

二、「型號」—— 要做多少的保障？

三、「什麼時候購買最適當」—— 在什麼時間點讓保障生效？

「要用多少預算？」跟「要做多少的保障？」這兩件事情其實是一體兩面的，因為對同一個保戶來說，保費預算越高、保障會越趨於完整或是其終身型的保障會稍微比較多。所以大家可以從兩種購買的方向參考：

1. 先設定可接受的預算去決定適合自己的保障內容。

設定保費預算　　參考保障內容　　確定調整後的投保內容

2. 從自己希望規劃的保障內容去調整自己最後可接受的預算與保額。

理解保障內容　　確定投保內容　　調整預算與保額

 **要用多少的預算？**

　　預算永遠是消費者在進行購買行為時的基本考量，而保費預算當然就是所有人考慮購買保險最重要的關鍵。但是每一個人的收入、消費、風險考量、家庭責任等等都不同，那保費應該要怎麼評估才不會對自己造成太多的負擔呢？

我在市場上很容易會遇到客戶提出這些問題：「**我沒有錢買保險**」、「**我生活費都快不夠了，哪來的錢買保險？**」沒錯，買保險最主要的目的並不是要讓所有人都咬緊牙關、繃緊褲帶繳付保費，而是希望大家在合理也可以接受的預算下，做到最適切目前現況的保障。

但是我在接受客戶諮詢的時候，很容易發現一個狀況，就是客戶時常不知道自己的錢花到什麼地方，薪水就這樣默默消失了。所以這時候，我就會幫大家評估自己每個月的現金流，找到金錢的流向，而使用的工具就叫做「理財矩陣」。

〔理財矩陣〕

生活開銷 **40**%

風險規劃 **10**% ／ 緊急準備金 **10**%

薪水收入

固定支出 **20**%

理財儲蓄 **20**%

讓我來為大家解釋一下關於上圖理財矩陣的架構：

生活開銷	包含平常的消費，食、衣、住、行、教育、娛樂等等，以每個人感到舒服及相對適當的比例，大約在40%左右的薪水比例。 
固定支出 	每個月的固定支出大約佔20%，例如：車貸、房貸、學貸、信用卡費、孝親費、電話費等等，若是負債佔薪水比例過高，則可能造成自己的生活品質降低。（生活開銷和負債是可以互相流通調整的，因為很多人的消費習慣可能是透過信用卡支出，但是會建議讀者們盡量不要讓生活開銷及負債總和比例超過自身薪水的60%，否則非常容易陷入月光族的狀況。）
理財儲蓄 	至少存下20%的薪水做理財規劃，建議可以放在比較無法動用的帳戶，避免自己輕易地把錢花光，例如：只進不出的帳戶、儲蓄險、低風險性的投資工具。

緊急準備金 	每個月至少提撥10%左右的比例做為緊急準備金，避免自己突然有一筆大額的花費或是離職在尋找下一份工作時的空窗期仍然必須支出生活費用。緊急準備金需提存至少3～6個月薪資的水位，若緊急準備金的水位足夠時，可提撥部分金額移轉至理財儲蓄及風險規劃。
風險規劃 	提撥10%左右的薪水做保險規劃，防止突如其來的風險破壞整個理財矩陣的架構，更甚至是造成自己及家人的負擔。可隨著自身的責任與風險評估做調整，基本上不建議超過15%～20%的薪水比例。

　　理財矩陣是一個大數法則統計下，讓大部分的人都能感受到相對舒適及穩定的財務分配工具，而各部分的比例則可以隨著每個人的生活習慣、消費方式、理財模式、風險責任去做調整。它其實是一個很彈性的工具，但是在此必須提醒大家，並不是跟著理財矩陣的方向就一定可以生活無虞，對於有明確目標或是懂得自我管理的人來說，或許可以提供一個參考；但是對於每個月薪水分配毫無頭緒的人，理財矩陣也許可以成為一盞指引方向的明燈。

現在讓我們來看看月薪3萬的阿明，理財矩陣應該如何配置：

〔阿明的理財矩陣〕

生活開銷 **40%**
12,000 元

風險規劃 **10%**
3,000 元

緊急準備金 **10%**
3,000 元

薪水收入
30,000 元

固定支出 **20%**
6,000 元

理財儲蓄 **20%**
6,000 元

生活開銷	阿明平常的消費，食、衣、住、行、娛樂大約以12000元為基準，屬於大部分民眾都可以接受的一般生活消費水準。
固定支出	阿明每個月的固定支出大約以6000元為基準，在沒有其他貸款、同時必須負擔電話費及孝親費的情況下，孝親費的額度大約會落在5000元左右。

理財儲蓄	阿明至少需要存下薪水中的6000元做理財規劃,避免未來的人生計畫無法順利達成,但我同時也會建議阿明可以提高自己的儲蓄金額,可以透過降低生活開銷或是增加工作收入來達成。
緊急準備金	在工作的初期,會建議阿明每個月提撥3000元至活存帳戶做為緊急準備金,直到活存帳戶至少有10萬～20萬左右的水位為止,以備突然要使用大額支出,或是轉換工作時的空窗期。
風險規劃	每個月提撥大約3000元左右的薪水做為阿明的保險規劃,防止突如其來的風險造成自己及家人的負擔。以阿明3萬元的薪資水平下,會建議阿明的保障規劃盡量不要超過每個月4500元～6000元,避免壓縮其他區塊的配置。

現在讓我們來看看月薪5萬的小美，理財矩陣應該要如何配置：

〔小美的理財矩陣〕

生活開銷 40%
20,000 元

風險規劃 10%
5,000 元

緊急準備金 10%
5,000 元

薪水收入
50,000 元

固定支出 20%
10,000 元

理財儲蓄 20%
10,000 元

生活開銷	小美平常的消費，食、衣、住、行、娛樂大約以20000元為基準，屬於一般民眾內心偏高的生活消費水準。
固定支出	小美每個月的固定支出大約以10000元為基準，孝親費或是貸款可負擔金額大約在10000元左右，但若是都沒有這些負擔，則可以轉往理財儲蓄的部分多做規劃。

理財儲蓄	小美至少需要存下薪水中的10000元做理財規劃，但其實對於平均薪資在5萬元左右的民眾，我會建議可以提高自己的儲蓄水平到至少2萬元。
緊急準備金	在工作的初期，會建議小美每個月提撥5000元至活存帳戶做為緊急準備金，直到活存帳戶至少有15萬～30萬左右的水位為止，以備小美突然有大額支出的情況，或是轉換工作時的空窗期。
風險規劃	因為小美的收入較高，當發生風險進而無法工作時的成本也會相對比較高，所以我會建議小美每個月提撥大約5000元左右的薪水做為保險規劃。但也提醒小美的保障規劃盡量不要超過每個月7500元～10000元，避免保費的負擔過重。

透過兩個理財矩陣的例子，相信大家可能已對每個月的薪水配置有一些基本的了解，現在讓我們回到保險預算的討論上，透過理財矩陣的配置，用10％的薪水比例做風險規劃，大家可能還是會有點模糊，再舉個例子說明，或許會比較有概念。

　　如果我身上有十塊錢，我把一塊錢放到左邊口袋的保險帳戶，剩下的九塊錢放到右邊口袋的一般帳戶。當真的不幸發生任何風險事故時，左邊口袋的一塊錢可以發揮保險的功能，保護我右邊口袋裡的九塊錢，甚至放大成一兩百塊錢，持續照顧我後續無法工作的生活。這樣聽起來左邊口袋的一塊錢，它的功能是不是很強大？其實這就是保險的概念。

♥ 要做多少的保障？

在了解保費預算的設定之後，當然最重要的關鍵還是在於我們自身的保障內容怎麼做規劃。那到底要做多少的保障才不會保險到用時方恨少呢？

我很喜歡用購買手機這個消費行為來比喻購買保險，因為非常貼近生活，大家比較能感同身受。我們回想一下，一開始準備買手機時，一定是先決定手機的預算之後，接下來就是準備要看自己喜歡的手機型號，除非我們已經做足功課，不然其實大部分顧客都是透過手機銷售人員的介紹去購買。但每一個手機銷售員對於手機的功能性喜好不同、介紹方式也不盡相同，很大機率會影響顧客在購買手機上的結果。如果今天這個銷售人員的觀念是不正確的，或是銷售人員在意的功能和顧客在意的功能性完全不同，那顧客就很有可能買到不適合自己的手機。

買保險也是一樣的狀況。我相信每一個業務員在意的保障觀念都不同，而保險條款複雜又難懂，更遑論理賠實務上有這麼多眉眉角角需要注意，要自己做功課簡直是天方夜譚，萬一買到不適合自己的保單更是賠了夫人又折兵。所以以下幫大家統整了幾個做保障內容規劃時的評估要點，讓大家在規劃保單上可以事半功倍：

一、評估自己身上的責任，才能購買足額的保障
二、保障內容的完整性，不遺漏任何保障區塊
三、評估終身型與定期型保險的需求

以下讓我來一一為大家解說評估的要點：

一、評估自己身上的責任，才能購買足額的保障

購買任何保險之前，首要工作絕對是統整自己身上的各種責任，才能透過足額的保障，規避風險發生時責任轉嫁。中文造詣博大精深，「如果我們身上的『責』任，換成另外一個人來承擔，就變成『債』務」。

現在讓我們來看一個簡單的例子，相信大家絕對能感同身受。

社會新鮮人

月收入
3萬元

年收入
36萬元

身上的責任
- 微薄的孝親費
- 花錢的女友
- 就學貸款（負債）
- 購買手機的信用卡分期（負債）

企業總經理

月收入
30萬元

年收入
360萬元

身上的責任
- 一個老婆
- 兩個孩子
- 年邁的父母
- 房屋貸款（負債）
- 汽車貸款（負債）
- 家庭日常生活支出

請問各位看完上表的比較，會覺得他們的保險內容如果一樣，合理嗎？誰的責任比較重大？誰的保障應該比較多呢？相信每位讀者心中都有答案。但是又要怎麼透過他們的收入、責任去評估身上的各種保障呢？

其實各險種的保額都可以用「收入」、「家庭責任」、「貸款負債」、「醫療費用」這幾項主要指標來做最基礎的評估。

壽險	今天請各位試想，壽險規劃的最主要目的是為了讓親愛的家人能夠活下去，並且不要因為我們的離開而承擔債務。所以壽險在規劃上，我們主要的評估點在於「**收入**」以及「**貸款負債**」。我舉兩個例子來做說明：
	1. 如果我今天的壽險保額以10倍的「年收入」做規劃，並且在我不幸身故時，這筆壽險的身故理賠金就可以發揮功用，持續照顧我身旁的妻小接下來10年的生活。
	2. 如果我今天身上的房屋貸款還有1000萬，但我不小心身故時，銀行的貸款勢必還是得繼續繳納，若是繳不出來房貸，甚至房屋可能得被銀行扣押、拍賣，這想必會成為家人極大的負擔。但如果我今天規劃了1000萬的壽險額度，在我真的不幸離開人世時，至少房屋貸款不會成為家人們的負債。

住院日額	不管是疾病或是意外住院的保額,我們在評估上都是以「**收入**」、「**病房費用**」為主。最主要的原因在於,如果我今天住院了,我的住院花費除了當天的薪水成本以外,還有升等病房的費用、看護的費用等等,這些項目的總和起碼要有3000元至5000元的住院日額保險才夠給付。
實支實付	以收據限額給付理賠的實支實付型保險就比較難以用收入的標準去做評估,因為每個人發生的醫療事故都不盡相同,自費項目更是琳瑯滿目,但唯一不變的真理是醫療科技日新月異,醫療費用跟自費醫材只會越來越貴,未來很有可能沒有治不好的病,只有花不起醫療費的病人。所以我們在實支實付的評估上,會以「**雜費及手術費用**」為最主要的評估點,在雜費及手術費用項目的額度上,會建議至少規劃單次住院可以使用20萬到40萬的保障,以支應未來昂貴的醫療費用。
重大疾病險	當罹患重大疾病時,自身風險除了醫療費用以外,還有因為治療疾病而停擺的工作收入,所以我們在規劃重大疾病這類型的保險時,會以「**年收入**」的3倍來做基本考量。舉例來說:如果我的年收入為50萬元,重大疾病險應該至少規劃在150萬左右的保額。為什麼呢?我來幫大家做個解析。

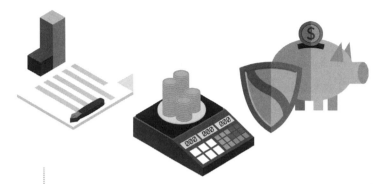

第一個年收入：在於我罹患重大疾病時的工作收入中斷。

第二個年收入：用在黃金治療期的醫療費用。

第三個年收入：則是隔年度的出院療養費用，因為我知道我不可能在治療重大疾病後立即康復，並且隔年度馬上回到工作崗位上繼續打拼，後續的療養反而對於病患們是非常重要的。

長期 照顧險	長照是我個人認為最沉重的負擔，因為不光是受照顧的病患非常辛苦，照顧者也必須承受相當大的壓力，如果沒有適當的喘息服務，很容易發生照顧者崩潰的長照悲歌。長照險最主要的評估點在於「**醫療費用**」、「**看護費用**」，若是規劃長照險的人為家中的主要經濟來源，則另外還需要考量「**月收入**」的層面。以最基本的外籍看護費用來說，一個月需要最少2萬至3萬的費用，加上醫療以及營養品的開銷，一個月起碼要有4萬到5萬的長照險保障才算足夠。

二、保障內容的完整性，不遺漏任何保障區塊

跟大家分享一個真實的案例。曾經有一位長輩想幫兩位小朋友規劃保險，這兩位小朋友分別是一位調皮的小男生與一位可愛的小女生。因為這位長輩想了一想，覺得男生應該比較頑皮，每天追趕跑跳蹦的，雖然身體會很健壯，但他的意外風險一定會比較高，所以小男孩只做了意外險保障；長輩認為小女孩比較不容易發生意外，反而比較擔心未來婦女病的狀況，所以幫小女孩做了基本的醫療險保障，長輩還因為省下了不少保費而沾沾自喜了好一陣子。

某一次的飯後，小男孩一如往常地追趕跑跳，但迎來的不是歡喜的笑聲，而是一陣不明原因的急性腹痛，送醫後才被確診是急性盲腸炎，必須住院並進行手術切除盲腸。

長輩內心想著：「**保險終於可以派上用場了，還好當初有買保險，不然這次住院又是一筆不小的花費。**」殊不知最後等待著他的結局不是漂亮的保險理賠金，而是一句「急性盲腸炎的住院、手術都是屬於醫療行為，小弟弟的意外險無法理賠。」錯愕的長輩這才想起小男孩只有意外險，並且為自己當初沒有幫他們規劃全險保障而後悔萬分。

其實很多時候，保戶們都認為自己可以把一部分的風險自留，只要自己小心一點，就可以省下一小部分的保費。沒錯，也許我們評估過後的風險事故對自己來說沒有威脅性，不一定非要透過保險商品轉嫁風險不可。但如果在保費可以負擔的情況下，是不是可以透過全險規劃讓自己全然放心地接受每一次的風險侵襲？因為我們自己知

道，全險架構完善之後，面對任何風險時我們都是無懈可擊的。

三、評估終身型與定期型保險的需求

相信大家都知道保險分成終身型和定期型兩種，但是究竟規劃終身型和定期型的保險到底差在哪裡？讓我來為讀者們做個大解析。

其實我很喜歡把購買終身型的保單比喻成買房子，因為大部分的終身型保單，其商品架構都是繳費20年期後，接下來的保費不用再繳，但是保障持續到終身一輩子，就和買房子揹房貸感覺一模一樣，雖然繳納房貸時非常辛苦，但繳完20年的房貸之後就輕鬆很多了，而且住一輩子也不會有人趕我們走；而定期型的保險則很像平時我們在外面租房子，也許每個月的房租（保費）都不貴，甚至我們還可以租到不錯的房子（保障），但是隨著年紀跟時間，房租跟保費會慢慢調漲，最嚴重的事情是當我們75歲之後，大部分的人都不會再租房子給我們了，因為以當時的年紀來說，風險太大導致房東（保險公司）不願意再承擔，這也是為什麼大部分的定期型附約都只能保證續保到75歲左右的年紀就會慢慢消失。

所以選擇購買終身型或是定期型的保險，一直都是很多人在規劃保單時的兩難，但是，關鍵的問題來了：

「請問我們75歲之後，需要保險嗎？」
「請問我們75歲之後，是需要保險，還是更需要保險？」
這兩個問題的答案可以好好放在我們自己的心中。

我相信這兩個問題就能讓大部分的人傾向購買終身型的保障，因為台灣人民其實都還是希望能夠擁有自己的房子（當然是在台灣房地產沒有這麼昂貴的情況下），民眾甚至也覺得75歲之後的保障也很重要。但我必須告誡讀者們，並不是每一個險種都適合做終身型，況且終身型的保費負擔一定會比定期型的保障來得高，我們必須好好衡量自己的保費負擔能力，如果因為選擇過多的終身型保障而導致繳不出續期保費，那顯然是得不償失的。

　　另外，大家一定要知道的事情是，大部分保險公司的意外險以及醫療實支實付都是以定期型的附約為主，而這些險種是保障極大，但是保費相對便宜的險種。在基礎的終身型保障下，這些附約條款一定要做附加，才能在適當的保費下獲得妥善且足額的保障。

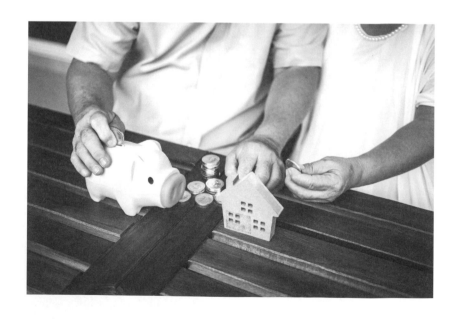

在什麼時間點生效？

如果保費的預算和保障的內容都已經有初步的理解，那基本上在規劃保險時已經萬事俱備，只欠東風了。古人所謂的東風，其實就是時間點的概念，而我們想跟大家分享，投保的時間點其實也是相當有學問的。

人人都想買到便宜，聽到「買到賺到」的標語時更是趨之若鶩。規劃保險其實也有許多適切的購買時間點，有時候稍微錯過這個時機，小則失之毫釐，大則差之千里。以下簡單幫大家統整成三個重點：

一、保險年齡的計算
二、「現在」其實就是這輩子最便宜的時刻
三、健康的身體即是財富

一、保險年齡的計算

我聽人家都說保險越年輕規劃會越便宜，年紀大了才來規劃，保費時常都貴到買不下手，這到底是因為什麼原因？沒錯，各位都很聰明，當然是因為年紀越大，風險發生率越高，保險公司針對風險比較高的族群投保，其保費收得比較貴也蠻合理的。

這邊我們先認識一個專有名詞叫做「自然費率」，當某個保險商品適用自然費率時，也就代表這個保險商品的保費會隨著年紀自然成長而做微幅的提升。那當然有會調整的保險費率，也有不會調動的保險費

率，而它的名稱就叫做「平準費率」。當某個保險商品適用於平準費率時，則代表這個商品規劃後不會依據年紀的自然成長而調整逐年的保費。

那這樣我怎麼知道我的費率怎麼計算？是的，不管是自然費率還是平準費率，保險商品都會有對照「保險年齡」的費率表，但是大部分的保戶都不太清楚保險年齡跟實際年齡到底有什麼不一樣。

保險年齡其實是專門用在保險年紀的單位，保險年齡的計算則是以「足歲」來計算，**生日超過6個月要加計一歲**，並以申請投保日當天來計算年齡。舉例來說明：

35足歲**5個月又15天**，保險年齡的計算上屬於**35**歲；
35足歲**6個月整**，保險年齡的計算上仍然屬於**35**歲；
35足歲**6個月又1天**，保險年齡的計算則上屬於**36**歲。

投保日：108年4月

生日：民國75年2月
足歲：33歲又2個月
投保年齡：**33**歲

生日：民國70年6月
足歲：37歲又10個月
投保年齡：**38**歲

未滿六個月或
剛好滿六個月

超過六個月零一天

一月　　　六月　　　十二月

我曾經在服務客戶時，發生一個真實案例，跟大家分享。

客戶當時請我規劃他的個人保單，但因為客戶還在評估保障內容以及保費的適切性，所以當下並沒有馬上成交。後來客戶回去考慮了將近兩個月後，才請我過去簽約，而當我們確認文件的流程進行到一半的時候，我突然發現客戶的系統上自動計算的保費和兩個月前的建議書數字有出入。我趕緊查了一下系統，果不其然，客戶的保險年齡剛好在幾天前增齡了。

所幸這位客戶還算年輕，保險年齡增加而提高的保費並不是差太多，我將差額的保費計算出來給客戶後，最後他還是同意了這份規劃。雖然只是有些終身型的保障內容保費貴了一點點，但畢竟保費一差就差了20年，客戶多少會感到有些惋惜，我從他的眼神中看到一絲絲悔恨，那是一種巴不得自己早幾天決定的眼神。

二、「現在」其實就是這輩子最便宜的時刻

很多朋友都問我說：「欸，到底什麼時候買保單最划算啊？」

我通常都這樣回覆他們：「有兩種情況最划算，一種是我們剛出生0歲的時候投保，一定是人生中最便宜的費率；第二種情況就是你等會兒跟我簽完保單之後，馬上出事情，這種最划算。」

雖然我們都好想回到那些年的時光，但因為人生就像一條單行道，無法停留也不能倒轉。我們已經沒辦法回到過去，買到保單最便宜的時間點了，但保險其實是一個很激勵人心的商品，它告訴我們時間不能回頭，未來的費率也不等人，何不趁著現在，也就是我們目前能好好把握的最便宜的時間點做規劃呢？

三、健康的身體即是財富

我偶而會遇到一些客戶主動上門來詢問保險的規劃，甚至是有些客戶我已經講過5遍到10遍以上的保險觀念，他就是聽不進去，但突然主動來找我詢問保單，並且保險觀念在一夕之間全都開竅了。

我以前剛開始做保險的時候，防癌險跟重大疾病險正夯，但有一個朋友卻怎麼也告訴我說，經過他精密的計算，在他本人不煙不酒的情況下，癌症不可能找上他，所以他總是婉拒了我的推薦。

後來，有一次他主動打電話來找我，說想要了解防癌險跟重大疾病險的內容，反正跟癌症相關的險種都可以參考看看。這破天荒的異常舉動簡直嚇壞我了，但是對這樣類型的客戶我總是有了點敏感度。心想：「**慘了，他該不會已經罹患癌症了吧？現在才來參考癌症相關保險已經來不及了。**」正當我想這麼告訴他的時候，他才跟我說明他有一位親戚，從來不抽菸不喝酒，甚至還有規律的運動習慣，但是這位親戚前陣子罹患了肺腺癌，花了不少醫療費用，現在還在持續治療中，給家人們帶來不少負擔。

聽到這個消息，我是一則以喜一則以憂。喜的部分，是慶幸這位朋友身體依然健康，並且開始有了保險觀念；而憂的部分，當然是為他的親戚感到不忍。

我們總是認為自己可以掌握購買保單時那個最划算的時間點，到頭來卻發現其實我們根本沒辦法預測什麼時候風險會找上我們，更何況在風險和疾病面前，我們是如此無力。也許，我們能做到的只有，把握投保時的「保險年齡」、把握「現在」、把握「健康」。

Chapter 4
如果我已經有保單了，我應該如何做**保單健診**？

♥ 保單健診的重要性

台灣現今的社會，保險觀念已經相當普及化，根據財團法人保險事業發展中心的統計，到2018年底，國內壽險投保率上升到將近250％，比率是歷史上的新高，也代表台灣人民平均幾乎擁有2.5張壽險保單。

看到這個保險滲透度的比率可能很多讀者會認為台灣人民都已經有保險了，這樣當發生事故的時候，不是應該天下太平了嗎？但依照壽險公會統計，2018年壽險業給付死亡保險金的人數大約19.6萬人次，而壽險給付死亡保險金大約為1,113.7億元，每人平均死亡給付僅有56.8萬元。

你沒有看錯，重點在於「每人平均死亡給付僅有56.8萬元」而已，意即是當我們發生事故不幸離開人世時，能留給家人的愛僅僅只有不到60萬元左右的金額，這樣的身故理賠數字，你覺得足夠嗎？

而且我必須告訴大家另外一個重點，「平均數字」是一個非常恐怖的概念，因為當有人超過了這個平均值，就代表有另外有其他人

是不到這個平均水準的。舉例來說，如果今天有個富豪身故時，其死亡保險金為一億元，而每人平均死亡保險給付僅有56.8萬元的情況下，等同於有將近176人是沒有死亡保險金可以領取的。聽到這邊，很多反應很快的人應該已經聯想到「台灣人民平均擁有2.5張保單」這件事情，在同樣的概念下是不是也許很多人是沒有保單或是保障根本不足夠呢？

我曾經遇到一個年輕的朋友，年僅25歲的小資女前來諮詢儲蓄險的規劃，我當然是義不容辭，並建議她可以先做保單健診，以確認身上的保障是否完整，至少當未來發生事故時不會侵蝕到自己存下來的辛苦錢，更甚至是不會成為家人的負擔。

「除了我們要規劃的儲蓄險以外，你身上有其他的保障型保險嗎？」我親切地問道。

「我的保險都是我爸媽在處理的，他們都幫我買好了。」小資女朋友堅定地說著。

「是這樣子啊，那你知道爸爸媽媽幫你規劃了什麼嗎？」我帶著忐忑的心再次問道。

「我也不太確定，反正也不是我在繳保費，總之爸爸媽媽說他們會處理，我不用管。」她的臉上顯得有些不耐煩的樣子。

總之，成交儲蓄險之後，在客戶仍然沒有提出保單健診的意願之下，我也不好意思窮追猛打般地提醒。直到幾年後，小資女因為一次意外事故擦傷了手臂，來向我詢問她的保險事宜，但因為紙本保單都在爸媽那裡，一時半刻也不方便查詢，我便協同她一起撥打了保險公司的客服專線詢問她的保障內容。結果不問還好，一問之後差點沒從咖啡廳的椅子跌坐到地上。

客服人員親切地告訴我們，保單內容除了終身型的防癌險以外，沒有其他的保障內容了，我們還再三地跟客服人員確認，是真的沒有了嗎？小資女孩這時才恍然大悟，很多時候我們以為的保險內容，真的保險嗎？還好有透過這次的小意外事件提早做了保單健診，才能發現自己身上的保障內容有許多需要加強的缺口，也幸虧這次只是輕微的意外事故，如果今天發生的是非常嚴重的狀況，需要住院或是昂貴的手術費用，那豈不是後悔莫及了？

♥ 保單健診的頻率

現在我們已經知道保單健診的重要性了，但我們何時要做保單健診才不會錯過重要的時間點呢？

我們建議大家可以每3年到5年檢視一次自己的保障內容，因為大部分的定期型保單，都是5年調整一次費率，所以這個時間點其實是非常適合做保單的整理，可以檢視目前現有的規劃是否符合目前的年紀和身分。

其實醫療科技一直在進步，但是像早期健保不給付的自費藥物、耗材並沒有這麼多，大家醫療實支實付規劃的額度通常都比較陽春，隨著環境社會的變遷，若能在保單檢視時發現額度的不足，就不會等到需要用到時才發現額度不夠用；或是有新樣態的保險商品，也可以加入投保的考慮，就像早期並沒有長照險，是後來才隨著老年人口趨勢而推出的新型態保險。

若能定時檢視自身的保單，除了可以在風險來臨前未雨綢繆，也比較不會因為未來身體健康狀況不佳而錯失投保良機。

另外，也非常建議大家除了每3年到5年檢視一次自己的保單之外，針對轉換不同身分或職業時，也一定要做保單的重新檢視，以下幫大家列出幾個需要特別檢視保單的時間點：

1. 成年時期：

這時的大朋友已經開始學會騎車，相對來說，意外險是格外重要的，看過太多青少年因為騎車不慎而導致車禍，這個時間點來說，很需要重新檢視保單，查看意外險是否足夠；因身故保險金在15歲以前是只會退還所繳保費的，所以大部分人在15歲以前壽險或是大意外可能不會買到足額，也因此可以特別檢視壽險／大意外是否足夠。

2. 社會新鮮人：

　　一般來說，大部分的人在沒有經濟能力之前，因沒有能力購買保單，所以也不會去研究自己的保障內容，因此在出社會後，非常建議大家一定要做一次保單健診。因為大部分人的保單是由爸爸媽媽購買，可能會覺得有保就好了，但小時候買的衣服，你有可能會穿到大嗎？以前買的保障內容，很可能需要做一些加強了！建議大家以全險規劃加上本身的薪水預算去做衡量。

3. 步入婚姻：

　　隨著年紀增加，當然也會因為身分轉變增加了身上的責任，在結婚後，從此一人變成兩人，開始要對另一半負責，就跟婚前要做身體健康檢查一樣，保單也同時需要；此時，可以檢視雙方的保障內容是否完善，建議大家以全險規劃加上雙方的薪水作衡量。

4. 生小孩前／後：

　　其實結婚後，很建議女生可以多注意醫療險的區塊，因為如果已經先行懷孕再投保醫療險，這胎通常是不被理賠的，所以若有生育計畫，建議女生可以在尚未懷孕前，就能先留意並且投保。

針對小孩出生後的時期，因為我們責任變大，保障也要隨著增加，在小孩有一定的保障基礎下，大人跟小孩的保障比起來，大人是相對重要的。因為若是小孩生病，大人可以照顧小孩，那今天如果是大人生病呢？小孩是無法撐起來的。也因此，在此時大人的保障格外重要，建議大家可以在此時將全險保障往上增加，以及提高壽險額度。

5. 購買高額的資產（車子、房子）：

能夠買車、買房的人相較起來是比較有能力的，但是在購買汽車、房產時，有可能會產生車貸、房貸，若此時發生不幸的意外，導致無法繼續償還貸款，後續狀況往往一發不可收拾。所以若能在購買汽車、房產的時候，同時增加壽險保障，這是非常重要的。

6. 屆臨退休：

面臨退休時，為什麼也需要檢視保單呢？在小孩不需要被我們照顧時，責任變小，當然保障也可以隨之調整，不是永遠都只有加保，可以在漸漸退去身上的責任時，調整保單內容，有一些定期型保單，像是壽險，可以視情況調整取消。

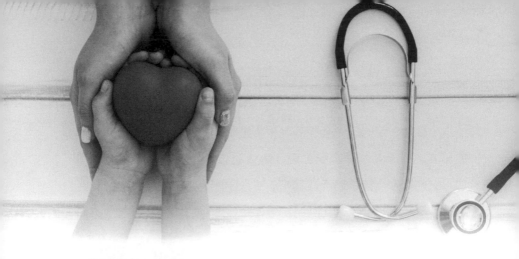

♥ 確認身上的保障內容

接下來我們要透過保單健診，確認身上的保障內容到底適不適合自己。基本上評估的內容可以分成兩大類：「保障是否足夠」以及「保費是否合理」。

其實要各位自行評估保險保障是否足夠，這件事情是很不容易的，因為我們必須要清楚每一個險種的功能性，更甚至是理解保單條款細項，所以如果方便的話，我還是會建議大家可以優先交給自己周圍可以信任的保險從業人員做評估。但如果想要學會自行做保單健診，可以透過以下幾個簡單的步驟分析：

1. 先搜集並確認自己所有保障內容
   （包含個人保單、公司團體團險）
2. 分門別類並且填寫在全險架構表的空格內
3. 開始評估每一個保障內容的額度是否足夠
4. 確認目前的保費預算以及保單調整後的預算是否可以承擔

以下為大家舉例來說明：

案例一

小劉，投保年齡24歲，保費年繳6,438元，投保內容如下：

Before

小劉的保障

類別	險種名稱	繳費年期	保額	生效日	保費
主約	押對寶新終身壽險	20	3萬	104/12/28	930
附約	押對寶住院醫療保險附約	至75歲	30計畫	104/12/28	5508

小劉的全險保障架構如下：

壽險	意外險	醫療險	重大疾病險	長照險
身故保障 3 萬	大 身故／失能 ＿＿＿萬 中 意外住院 ＿元／天 小 實支實付 ＿＿＿萬 強 骨折險 ＿＿＿萬 強 薪水補償 ＿＿＿萬	住院日額 ＿＿＿元/天 定額手術給付 ＿×手術倍數 實支實付 30 計畫 內容：病房費（3000元／天）雜費＆手術費（20萬／次）	重大疾病 重大傷病 一筆給付＿萬 防癌險 ＿ 單位	長期照顧 ＿＿單位 （＿萬／月）

＊註：1.劃線空白區塊為目前尚未規劃之保障。
2.灰底區塊為原始保單內容。

看完小劉的保障之後，各位有什麼感覺呢？是不是覺得小劉的保障明顯不足呢？

針對小劉的建議

針對小劉的保障，我們明顯可以看到意外險完全沒有做規劃，針對癌症以及重大病的部分也沒有保障，這些區塊會是小劉急需補強的缺口。

★「**意外險**」：建議小劉先以基本的**大中小意外**做規劃。如果平時有在騎摩托車或是運動，建議可以加保**強化型的意外險**，如骨折險。

★「**重大疾病險**」：建議小劉可以先以自己年收入的2～3倍去規劃重大疾病險的保額。如果年收入為50萬，至少可以先以保額100萬左右的**一筆給付重大疾病險**為考量。

★「**防癌險**」：因應癌症的高額累積花費，建議小劉可以補強**癌症險**的區塊。如果在保費上有過多的負擔，可以先以基礎的2個單位做規劃。

最後，後續如果有多餘的預算，則可以針對「住院日額」、「長期照顧」等區塊做依序強化。

After

小劉調整過後的保障

類別	險種名稱	繳費年期	保額	生效日	保費
主約	押對寶新終身壽險	20	3萬	104/12/28	930
附約	押對寶住院醫療保險附約	至75歲	30計畫	104/12/28	5508

主約	押對寶癌症醫療 終身健康保險	20年	2單位	109/01/01	11524
主約	押對寶重大疾病定期 健康保險附約	至70歲	100萬	109/01/01	5660
附約	押對寶新人身意外 傷害保險附約	至80歲	200萬	109/01/01	2340
附約	押對寶意外傷害醫療 日額給付附加條款	至80歲	30佰元	109/01/01	1620
附約	押對寶新傷害醫療 保險金附加條款	至80歲	3萬	109/01/01	810
附約	押對寶意外骨折傷害 保險附約	至80歲	100萬	109/01/01	3700

＊註：總繳保費從原本的年繳保費 **6438** 元調整為年繳保費 **32092** 元。

小劉調整過後的全險架構表如下：

壽險	意外險	醫療險	重大疾病險	長照險
身故保障 3 萬	大 身故／失能 **200** 萬 中 意外住院 **3000** 元／天 小 實支實付 **3** 萬 強 骨折險 **100** 萬 強 薪水補償 ＿＿＿＿萬	住院日額 ＿＿＿＿元／天 定額手術給付 ＿×手術倍數 實支實付 30 計畫 內容：病房費 （3000元／天） 雜費＆手術費 （20萬／次）	重大疾病 重大傷病 一筆給付**100**萬 防癌險 **2** 單位	長期照顧 ＿＿＿＿單位 （＿萬／月）

＊註：1. 劃線空白區塊為目前尚未規劃之保障。
　　　2. 灰底區塊為原始保單內容。
　　　3. 鏤空數字區塊為本次新增內容。

現在再讓我們看另一個範例：

案例二

小王，投保年齡27歲，年繳保費25828元，投保內容如下：

小王的保障

類別	險種名稱	繳費年期	保額	生效日	保費
主約	押對寶安心終身醫療健康保險	20	10佰元	108/11/21	8100
附約	押對寶新傷害醫療保險金附加條款	至80歲	3萬	108/11/21	810
附約	押對寶新人身意外傷害保險附約	至80歲	150萬	108/11/21	1755
附約	押對寶新傷害保險附約	至65歲	30萬	108/11/21	960
附約	押對寶意外傷害醫療日額給付附加條款	至80歲	30佰元	108/11/21	1620
附約	押對寶安康癌症醫療終身健康保險附約	20	1單位	108/11/21	5218
附約	押對寶安健住院醫療健康保險附約	至75歲	甲型	108/11/21	3500
附約	押對寶安穩手術醫療定期健康保險附約	至75歲	1單位	108/11/21	3865

小王的全險保障架構如下：

壽險	意外險	醫療險	重大疾病險	長照險
身故保障 _____萬	大 身故／失能 150 萬 中 意外住院 3000 元／天 小 實支實付 3 萬 強 骨折險 _____萬 強 薪水補償 _____萬	住院日額 1000 元／天 定額手術給付 1000 ×手術倍數 實支實付 甲型 內容：病房費 （3000元／天） 雜費＆手術費 （20萬／次）	重大疾病 重大傷病 一筆給付__ 萬 防癌險 終身 1 單位	長期照顧 _____單位 （__萬／月）

*註：1.劃線空白區塊為目前尚未規劃之保障。
　　2.灰底區塊為原始保單內容。

看完小王的範例之後，各位讀者有什麼感覺呢？
是不是覺得比起前面的小劉，小王的保障內容看起來
還算完整，但仍然有可以加強的部分？

針對小王的建議

　　針對小王的保障內容，以出社會的年輕人來說，還算完整。但目前仍然可以針對**重大疾病險**的缺口，以及身故風險的**壽險保障、大意外**優先做補強。

★「**重大疾病險**」：建議小王可以先以自己年收入的2～3倍去規劃重大疾病險的保額。如果年收入為50萬，至少可以先以保額100萬左右的**一筆給付重大疾病險**為考量。

★「**壽險、意外身故**」：建議小王可以先以自己年收入的5～10倍去規劃身故時的壽險保額及意外身故的保額。如果年收入為50萬，至少可以先以總額保額300～500萬左右的**定期壽險、定期大意外險（身故／失能）**為考量。

 **After** 小王調整過後的保障

類別	險種名稱	繳費年期	保額	生效日	保費
主約	押對寶安心終身醫療健康保險	20	10佰元	108/11/21	8100
附約	押對寶新傷害醫療保險金附加條款	至80歲	3萬	108/11/21	810
附約	押對寶新人身意外傷害保險附約	至80歲	150萬	108/11/21	1755
附約	押對寶新傷害保險附約	至65歲	30萬	108/11/21	960
附約	押對寶意外傷害醫療日額給付附加條款	至80歲	30佰元	108/11/21	1620
附約	押對寶安康癌症醫療終身健康保險附約	20	1單位	108/11/21	5218

附約	押對寶安健住院醫療健康保險附約	至75歲	甲型	108/11/21	3500
附約	押對寶安穩手術醫療定期健康保險附約	至75歲	1單位	108/11/21	3865
主約	押對寶活力四射重大疾病定期健康保險	至70歲	100萬	109/01/01	7130
主約	押對寶新定期壽險	20年	150萬	109/01/01	3900
附約	押對寶新人身意外傷害保險附約	至80歲	100萬	109/01/01	1170

＊註：總繳保費從原本的年繳保費 **25828** 元調整為年繳保費 **38028** 元。

小劉調整過後的全險架構表如下：

壽險	意外險	醫療險	重大疾病險	長照險
身故保障 **150** 萬	大 身故／失能 150 + **100** 萬 中 意外住院 3000 元／天 小 實支實付 3 萬 強 骨折險 ＿＿＿萬 強 薪水補償 **30** 萬	住院日額 1000 元／天 定額手術給付 1000 × 手術倍數 實支實付 甲型 內容：病房費（3000元／天）雜費＆手術費（20萬／次）	重大疾病 重大傷病 一筆給付 **100** 萬 防癌險 終身 1 單位	長期照顧 ＿＿＿單位（＿萬／月）

＊註：1. 劃線空白區塊為目前尚未規劃之保障。
　　　2. 灰底區塊為原始保單內容。
　　　3. 簍空數字區塊為本次新增內容。

♥ 如果之前的保單買錯了怎麼辦？

常常有許多朋友們會慌慌張張跑來諮詢，並且開口就對我說之前的保單買的內容有多差，詢問在買錯保單的情況下後續要如何處理解約事宜。其實這類型的案件通常我都會先請客戶緩一緩情緒，並且邀請他們一起來確認一下到底我們是不是真的買錯了。因為時常很多客戶都是道聽塗說，被左鄰右舍或是親朋好友們的三言兩語影響，會認為自己購買的保險很沒用，但我還是要苦口婆心地跟各位重申一次，「世界上沒有最好的保險，也沒有最差的保險，只有最適合自己的保險」。

通常所謂的買錯保單，是指這份保單的保障內容不符合自己目前的現況，或是保單條款的內容實際上跟自己的認知落差很大。那這種時候我們應該要如何做處理呢？

> 1. 冷靜並且先確認自己的保險需求
> 2. 分析目前的保單是否真的購買錯誤
> 3. 若保單真的不想繳了，後續才進行保單的處理

錯誤保單的處理除了大部分民眾都熟知的「解約」途徑以外，其實在保險的領域上還有所謂的「減額繳清」、「展期定期」的方式可以做處理。但是，在正式調整保單之前，必須先學會一個叫做「保單價值準備金」的專有名詞，因為我們購買的保單必須要有保單價值準備金的累積，才有辦法處理保單（領回解約金、減額繳清、展期保險）。

保單價值準備金

　　所謂的保單價值準備金也簡稱為「保價金」，保價金可視為保戶累積所繳交保費扣除必要的支出後，存放在保險公司並用來支應未來保險金給付的金額，即是指**這份保單具備的現金價值**。

　　但如果客戶想要辦理**解約**，取回保單價值準備金時，這筆金額還**需要扣除保險公司的必要費用支出**，才會是解約金的正確金額。

　　現在讓我們來幫大家解釋一下這些看似複雜，但實際概念簡單的保單處理辦法。

一、減額繳清保險

　　定義：要保人繳足保險費累積達有保單價值準備金時，要保人得以當時保單價值準備金扣除本公司所收取之營業費用後的數額作為一次繳清的躉繳保險費，向本公司申請改保同類保險的「減額繳清保險」。要保人變更為「減額繳清保險」後，不必再繼續繳保險費，本

契約繼續有效。其保險範圍與原契約同，但保險金額以減額繳清保險金額為準。

二、展期定期保險

定義：要保人繳足保險費累積達有保單價值準備金時，要保人得以當時保單價值準備金扣除本公司所收取營業費用後的數額作為一次繳清的躉繳保險費，向本公司申請改為「展期定期保險」，辦理展期定期保險後，其保險金額為申請當時保險金額扣除保險單借款本息或墊繳保險費本息後之餘額。要保人不必再繼續繳保險費，其展延期間如保險單附表；但不得超過原契約的滿期日。

三、解約

其實如果是在買錯保單的情況下去解約，基本上對客戶來說都是相對不划算的。因為通常保單解約金的正確金額，都是以保單價值準備金扣除保險公司管銷費用，所以對於大部分客戶來說都是認賠解約，算是保單處理中的最下下策。

調整保單方式	須符合	保障額度	保障期間	依附的附約	往後增加附約
解約	任何情況皆可	無	無	無	無
減額繳清	有保單價值準備金	降低	不變	不影響	不可以
展期定期保險		不變	縮短	立即終止	不可以

Part 3 🏠
買好保險不如買對保險

Chapter 1
規劃**壽險**的眉角

　　有人說壽險是留給家人的最後一份愛，可以幫身故者好好照顧仍要繼續生活下去的家人；也有人說壽險就是我們最後的包裝費，能給付我們的喪葬費用；更有人認為壽險是責任傳承的最後一道防線，留愛不留債。其實這些說法都正確，因為沒有人知道風險發生的時間點，更無法預測風險的當下，我們留給家人的是大額的資產，亦或是高額的貸款。但唯一能肯定的是，所有人都不希望自己的離開，造成家人的負擔。這就是壽險最基本的意義與功能。

　　很多人總會有疑問，到底要不要買壽險？現在這個年代還有人在留錢給小孩嗎？如果真的要買壽險，要買多還是買少，額度又要怎麼做規劃？其實所有的問題都回歸到我們希望壽險可以幫助我們解決什麼問題。而基本上，壽險能解決的問題可以分成兩個區塊：

1. 在我們身故離開時，整合並帶走我們身上的負債，不讓債務移轉到心愛的親人身上。

2. 在我們身故離開時，透過壽險保額的規劃，替我們好好照顧家人。

正所謂「理財先理債」，不管任何人在投資或儲蓄之前，都應該先知道如何整理自己身上的債務。而債務又可以簡單分成：金錢債、親情債、感情債，金錢債顧名思義即為我們常見的金融債務，而所謂的親情債和感情債則是指我們對於家人及配偶的責任。

如果我們今天想規劃壽險的主要目的是針對第一個區塊——不希望讓債務遺留下來成為家人的負擔，那我們就得先理解我們身上的金錢債務有哪些，最常見的償還型債務即為車貸、房貸、信用貸款、分期的信用卡卡債。而最簡易的壽險規劃方式則可以用所有債務的總和去作為保額的規劃，這樣的規劃方式即是代表當我們不小心離開人世時，債務也可以做一次性的清償，不會把債務傳承給自己的親人；償債能力較穩定的人，也可以用主要的大型貸款做考量即可。舉例來說：如果我的身上有房貸1300萬、車貸150萬、信用貸款30萬、信用卡分期總和20萬，我可以直接規劃**壽險保額1500萬**；如果我是償債能力較穩定、資產也相對高的保戶，則可以將負擔最重大的房貸做為主要規劃，設定**壽險保額為1300萬**，將其餘保費規劃在需求更高的保障區塊。

接下來，如果各位想規劃壽險的主要目的是針對第二個區塊——透過壽險替我們好好照顧家人，那我們則可以透過年收入的倍數去做規劃，進而達到轉移感情債、親情債的風險，實現壽險保障照顧家人的效果。舉例來說：如果我的年收入為100萬元，那我可以將**壽險保額設定為1000萬元**，我希望當自己真的不幸離開人世時，接下來的十年內，我的配偶不用為了持續性的貸款支出感到負擔，我的孩子不用因為學費的中斷而放棄學習，我的父母也不會因為我的孝親

費終止而降低自己的生活水平。這樣的壽險保障下，即使我真的因為突發狀況離開人世，我也可以防止心愛的家人被突如其來的風險改變生活。

❤ 壽險雙十原則

說明過後壽險的規劃之後，相信你已經開始有了想法跟概念。實際上每一個保戶的狀況跟債務都不同，但是為了能夠解決大部分的民眾的疑難雜症，保險界開始衍生出一套「雙十原則」。這套原則的概念即是**透過保戶年收入的十分之一去規劃年收入10倍的保障**，除了可以協助每一位保戶控制保費的預算以外，也可以避免大家規劃過高的保障。

這邊另外要特別注意的是，以收入十分之一的保費預算去規劃保障，其保費預算是以保障型的保險為主，就如前面章節所提到過的壽險、意外險、醫療險、癌症險、重大疾病險、長期照顧險等等，並不包含儲蓄險、投資型保單、年金等等的規劃。

「雙十原則」就是用
年收入的十分之一去規劃
年收入10倍的保障

以下透過兩個簡單的例子來做說明：

1. 如果我是一個年收入40萬左右的社會新鮮人，我的保障型保險年繳保費最好可以設定在4萬元左右，比較不會造成太大的負擔；另一方面，壽險保障的額度則建議可以規劃在400萬元左右。

2. 如果我是一個年收入100萬左右的中階主管，我的保障型保險年繳保費最好可以設定在10萬元左右，而壽險保障的額度則可以規劃在1000萬元，保障家人的生活品質在遇到身故風險時可以不受到影響。

社會新鮮人

年收入
40萬元

（保障型）保費預算
年繳4萬元

基本壽險保障
400萬元

企業中階主管

年收入
100萬元

（保障型）保費預算
年繳10萬元

基本壽險保障
1000萬元

♥ 終身壽險V.S.定期壽險

相信各位已經對壽險保障的規劃有初步的認識了，但仍然會存在一個普遍的疑問，市面上的壽險又分成終身型和定期型，我們應該如何選擇呢？

在此提供大家幾個壽險規劃時的主要考量點：

> **1. 保費預算的衡量**
> **2. 切勿以保費拿不拿得回來作為壽險保障的評估要點**
> **3. 階段性的保障調整**

首先，就預算的層面上來探討，20年期的終身壽險，其保費以30歲男性、保額100萬元的保單來說，1年的保費光是壽險主約可能就要超過3萬元，更何況我們還需要附加意外險、醫療險、重大疾病等等的其他保障，因此年繳保費肯定要上看5、6萬元，這樣的保費負擔對於一般人來說是其實是相對吃緊的；而定期壽險在相同的條件之下，一年的保費可能只需要2千元左右，對於保戶在規劃上較為靈活，反而可以大大提升其他保障區塊的額度，達到小小保費大大保障的功能。

其次，很多人也非常在意繳出去的保險費是否可以拿得回來，市面上大部分的終身壽險都有保單價值準備金，當我們手邊需要一筆錢的時候，解約是可以拿回一筆解約金的，但解約金的數字多寡就要

特別留意保單條款的內容。也因此，很多保戶會將終身壽險視為儲蓄險，反而忽略了壽險的保障，但這邊要提醒各位，如果回歸到壽險的規劃目的，保障額度才是我們在規劃壽險時最主要的評估要點。

最後，壽險最主要的目的在於規避責任重大期的身故風險。當我們30歲時結婚生子，家庭責任當然是落在身為家庭支柱的我們身上，面對此階段時的壽險保障極為重要；但當我們50～60歲之後，孩子已經長大，貸款也已經告一個段落，此時壽險就不再是我們最主要的規劃內容，反而可以適當地做階段性的調整，將保費移轉到醫療險或是退休的年金規劃上。面對階段性的保障調整，會建議讀者可以透過定期壽險的靈活性，除了保費不會太過負擔以外，又可以提供高額的保障，讓保戶們在面對不同階段的家庭責任時大大降低規劃保險時的煩惱。

Chapter 2
規劃**意外險**的眉角

意外險,是許多人最常見也最熟悉的險種之一,但也因為是最常見的險種,大家反而常常會忽略了意外險其實也是需要做功課的,讓我們在這邊幫各位歸納意外險的眉眉角角。

♥ 意外險的費率來自職業等級

前面介紹過保險費分成「平準費率」、「自然費率」的設計,所以大部分的人都有了保險越年長就越貴、保險越早買越便宜的概念。但意外險在規劃上則跳出了這個框架,意外險在計算保費時主要並不是依照年齡來做設計,而是依據每一個人的風險狀況──也就是所謂的職業等級去區分。

通常保險公司的意外險會區分成1~6的職業等級,職業等級的數字越高代表風險係數越大,意外險的保費也會越貴,甚至有些工作的危險程度太高,意外險還會有直接拒保的狀況發生。

以內勤的行政人員來評估意外險,職業等級通常為1級,其意外險保費是最便宜的;如果是以計程車司機來評估意外險,職業等級為3級,通常保費會比其他一般族群來得高一些;那如果是以空服員來評估意外險,其職業等級通常為6級,甚至保險公司會直接列入拒保

的行列。所以請各位在購買意外險時，記得清楚確認自己目前的職業
等級再來做意外險的投保。

職業	內勤人員	計程車司機	空服員
職業等級	1 級	3 級	6 級
意外險保費	最便宜	稍貴	最昂貴（甚至拒保）

人壽公司意外險V.S.產物公司意外險

　　大部分保險公司的意外險通常都以定期型的附約內容為主，而
且保障的內容通常也大同小異，因此常常有許多民眾會不小心落入了
保費比較的窠臼，這時候人壽公司的意外險與產物公司的意外險就產
生了較大的差別。

首先，就意外險保費的層面來探討，以風險等級第一級的意外保障100萬元為例，人壽公司的意外險保費大約落在1100～1200元左右，而產物公司的意外險大約落在600～700元左右，如果單就保費的比較與保額的換算，正常的民眾都會以產物公司為首選。

但是重點來了，人壽公司的意外險在條款上與產物公司的意外險的條款上其實是有差別的（當然還是要先仔細確認各家保險公司的條款內容）。部分人壽公司的意外險會在條款加上「保證續保」，代表無論保戶之前是否申請過理賠或是身體狀況變差，只要持續繳付保險費，保險公司無論任何理由都不能拒絕保戶的續保；但是產物公司的意外險基本上都以「不保證續保」為主，意即隔年保戶要續保時，必須經過保險公司同意續保，保單才能繼續生效。

因此在意外險的規劃上，會建議大家可以先以人壽公司的意外險為基礎，另外附加上產物公司的意外險作為補強。

示範條款如下：

保證續保	本契約保險期間為一年，保險期間屆滿時，要保人得交付續保保險費，以逐年使本契約繼續有效，本公司不得拒絕續保。
不保證續保	本契約保險期間為一年，保險期間屆滿前，經本公司同意承保並通知續保後，要保人繼續交付續保保險費，則本契約視為續保。

分類	人壽公司意外險	產物公司意外險
理賠內容	身故、失能、重大燒燙燒、傷殘補償、骨折、薪水補償等等	基本的人壽公司意外險的內容都有,另外也有責任險的設計
價格	相對產物公司意外險較貴	相對壽險公司意外險便宜 **勝**
保證續保	部分的商品條款有 **勝**	無
優點	可自行規劃意外組合、可挑選到保證續保的商品	相同預算可規劃額度高的意外保障
缺點	費用相對較高	無保證續保

♥ 大中小意外的全面性

每個人的保險觀念都不同，有些人特別偏好「保大不保小」，有些人重視「實支實付」的理賠，有些人則以保費為優先考量，其實這些保險觀念都有各自的優缺點，只是在意外險的規劃上，我會建議大家一定要以大中小意外的全面性為優先考量。

曾有客戶告訴我，「我覺得我只擔心身故的意外風險，所以我只要買大意外的保障就好了，其他什麼骨折險、意外住院的規劃通通幫我移除掉。」果不其然，後續發生意外狀況時，他的朋友們問：「你不是有買意外險嗎？這次摔車受傷、骨折住院應該都不用擔心吧？」我這位客戶也只能尷尬地笑而不語，但我相信他的內心其實非常後悔當初只買了大意外的身故保障。

其實意外險的種類非常多元，除了最嚴重的身故意外，還有負擔沉重的失能、需要花時間復原的骨折、住院時的收入中斷、跌倒挫傷、燙傷等等數不清的風險，也因此意外險的全面性保障更顯得非常重要。儘管很多人認為自己身體健康、注意安全、小心謹慎等等，意外風險還是會在不確定的時間點，用無法確定的形式襲來，而我們能做的是在風險來臨時，撐好一把保障全面的防護傘。

♥ 骨折未住院的半額給付

通常意外住院日額的保險條款中，會特別含有骨折未住院的設計，原因是骨折這類型的風險其實在復原時需要花費時間休養，但目

前醫療院所並沒有辦法讓我們待在醫院休養太多天，所以通常醫師都會讓我們直接出院並返家休息。讓我們來看一下骨折未住院的條款以及理賠方式：

| 示範條款 | 被保險人因意外之傷害蒙受骨折未住院治療者，或已住院但未達下列骨折別所定日數表者，其未住院部份本公司按下列骨折別所定日數乘「意外傷害醫療保險金日額」的二分之一給付。

前項所稱骨折是指骨骼完全折斷而言。如係不完全折斷，按完全骨折日數二分之一給付；如係骨骼龜裂者按完全骨折日數四分之一給付。 |

骨折未住院之計算方式：

骨折狀況	給付內容
完全骨折	1/2保險金額×骨折別給付日數表
不完全骨折	1/2保險金額×骨折別給付日數表×1/2
骨骼龜裂	1/2保險金額×骨折別給付日數表×1/4

骨折別表：

骨折部分	完全骨折日數
1. 鼻骨、眶骨〈含顴骨〉	14 天
2. 掌骨、指骨	14 天
3. 蹠骨、趾骨	14 天
4. 下顎（齒槽醫療除外）	20 天
5. 肋骨	20 天
6. 鎖骨	28 天
7. 橈骨或尺骨	28 天
8. 膝蓋骨	28 天
9. 肩胛骨	34 天
10. 椎骨（包括胸椎、腰椎及尾骨）	40 天
11. 骨盤（包括腸骨、恥骨、坐骨、薦骨）	40 天
12. 頭蓋骨	50 天
13. 臂骨	40 天
14. 橈骨與尺骨	40 天
15. 腕骨（一手或雙手）	40 天
16. 脛骨或腓骨	40 天
17. 踝骨（一足或雙足）	40 天
18. 股骨	50 天
19. 脛骨及腓骨	50 天
20. 大腿骨頸	60 天

舉例說明　小劉投保意外傷害保險附加住院日額2000元，因為意外車禍造成鎖骨完全骨折，依照保單條款附表骨折部位別，鎖骨理賠天數是28天。

計算　小劉在事故發生後，先住院7天，之後出院休養。

理賠金 ＝ ❶住院7天×2000元（日額）＋

❷鎖骨骨折未住院（28天－7天）× 2000元（日額）×1/2

＝ ❶14,000元 ＋ ❷21,000

＝ 總理賠金額 **35,000元**

Chapter 3
規劃**醫療險**的眉角

 定額理賠與限額理賠的差別

在規劃醫療險時，可以依理賠方式分為兩種——定額理賠、限額理賠。**「定額理賠」**的意思就是如果發生了醫療行為，不論收據上的花費為多少金額，只依照醫生開出的診斷證明書作為理賠依據。舉例來說，若住院一天，保險公司則理賠1000元，如果此次醫療住院5天，則理賠5000元，像是常見的住院日額醫療保險、手術醫療保險，幾乎都是用定額給付來理賠。

「限額理賠」的意思就是不管這次執行什麼樣類型的手術，保險公司依照醫療收據上一定額度內的限額做理賠。舉例來說，若是住院限額5萬元，此次住院花費了3萬元，則保險公司理賠3萬元，若是此次住院花費了7萬元，則理賠限額為最高上限的5萬元，這就是醫療實支實付會採用的限額理賠方式。

一般來説，我們建議大家在規劃醫療險時，會以限額型的保障為最優先。這回歸到規劃保險的初衷，最開始一定是希望如果發生風險時，能夠由保險公司支出，不用花到自己帳戶裡的錢，所以限額型給付的醫療實支實付能夠在我們發生風險時，發揮保險的意義與功能，將我們的醫療花費通通支付。

規劃好限額型醫療保險之後，再來投保定額型的日額、手術險，相較於限額型能夠支付我所花費出去的費用，定額型的理賠可以補貼我們的工作收入或是心靈上的撫慰。畢竟，若是真的發生風險，不管是住院還是動手術，一定都會影響我們的工作、生活，若能有額外的補貼，也能比較能夠安心養病。

項目	定額型	限額型
理賠方式	固定金額做理賠	在限額內，用多少賠多少
理賠依據	診斷證明書	收據及診斷證明書
險種	日額、手術險	醫療實支實付

♥ 醫療實支實付的要點

醫療實支實付在規劃保單上，是非常重要的險種之一，所以基本上各家保險公司都有推出，但每間保險公司的內容不盡相同，在這邊針對此項條款也有幾個重點可以供大家留意檢視。

首先可以評估「**實支實付的額度，是否將手術險、醫療雜費合併計算**」。有些條款是將手術費用及醫療雜費分開計算，雖然看起來加總額度高於合併計算的條款，但因為目前有滿多手術費用屬於健保給付範圍，所以在手術費用上可能不會太多，且大部分的支出在於醫療雜費部分，若能將手術費用及醫療雜費合併計算同一個額度上限，其實對於保戶來說是相對較好的。

另外也要評估醫療實支實付「**是否能轉換成日額型理賠方式**」。以雜費花費較少的住院狀況來說，若條款有約定，保險公司在理賠時，以日額型理賠金較為高者，將會轉換為日額理賠給客戶。

舉例來說，若購買醫療實支實付限額內容為每日病房費3000元、醫療雜費20萬，此次住院5天花費每日病房費5天x1000元、醫療雜費2000元，所以總花費7000元，都在限額內，所以正常來說以限額方式理賠會全額理賠，理賠金為7000元；但若是條款內容有約定可以轉換為日額方式理賠為5天x3000元，總理賠金為15000元。故就兩者的理賠狀況來說，保險公司會擇高給付，所以若是條款有約定能夠轉換成日額型方式理賠，會對保戶有更大的彈性。

「**出院X天再度住院，視為下一次住院**」，這個其實是比較細微的條款內容，一般來說大家不會注意到，但在雜費上的理賠卻是格外重要。以實支實付的條款來說，每次只要住院，都能夠使用最高限額丫萬的雜費，所以這句話的意思是，假設住院14天後，再度住院視為下一次住院，這個會影響到的是理賠雜費的額度使用。若是在14天內再度住院，保險公司會認定為同一次住院，兩次住院雜費加總最高上限為20萬；但如果是超過14天再度住院，則雜費會重新計算，兩次住院分別最高都可以使用到20萬（間隔14天與醫療雜費20萬為舉例，實際上要以各家條款為主）所以間隔X天，這個天數若是能越短，雜費越快能夠重新計算，對客戶其實是越有利的。

❤ 急診狀況，到底賠不賠？

急診這個狀況，其實是很多保戶會問到的理賠問題。以目前現售的保單來說，急診的部分是沒有理賠的；但在早期，有部分的醫療實支實付及醫療日額型保單，有針對急診做額外的說明，像是急診超過6小時視為住院（每家條款皆不盡相同，以實際條款約定為主），那麼就能夠啟動理賠。

但也因為早期的條款，急診留觀6小時視同住院一天，導致急診病患大排長龍，反而產生佔用醫療資源的狀況發生。於是衛福部與金管會聯手調整新保單條款，於103年05月01號之後的醫療險新保單將不准再提供「急診保險金」的理賠，解決急診與保險資源遭濫用情況。所以針對這個部分，也建議大家若有早期規劃的保單，可以多加留意，以避免喪失了自己的權益。

❤ 終身醫療險V.S.定期醫療險

市面上充斥著終身醫療險與定期醫療險，到底應該要怎麼選購呢？

終身型的保單其實很像是買房子，我們每年要繳稍微比較高額的費用，但是20年後，就像繳完房貸一樣，不須再繳費，房子（保障）會跟著我們一直到110歲或是身故，甚至到身故或是110歲時，保險公司會將我們繳的保費扣除已理賠的金額加計利息，還給我們或是我們的身故受益人。

定期型的保單就像是租房子，我們每年繳較低的租金，擁有一樣的房子（保障），但定期型保單大多會隨著年紀，每5～10年調整一次保費，一直續保到我們75歲左右（依照各條款不同），當年紀太大時將會無法續約，就失去保障了。

會建議大家在有能力時，能夠先規劃基本的終身型醫療險，因為在75歲之後，我們仍然需要保險保障，或者應該說更需要保險保障。所以如果不想面臨75歲之後保障逐漸消失的狀況，就得先及早規劃，要能用最便宜的費率承保，也就是此刻的年齡了。針對每一個人的預算、能力作為考量，先以基本的終身型醫療險為主，定期型的為輔作為加強，再隨時檢視保單，加入終身型醫療險規劃。

項目	終身型	定期型
優點	繳費20年保障終身 保費每年固定不會調整	保費便宜較不負擔 可以彈性調整
缺點	費用較高 無法彈性調整	有最高承保年齡上限 保費隨著年紀調整
舉例	買房子背房貸	租房子繳房租

Chapter 4

規劃**重大疾病險**的眉角

♥ 三倍年收入的保額設定

在先前的章節中,有提到重大疾病「三倍年收入」的規劃準則,也就是說重大疾病的保額要以年收入的三倍為基底,規劃的三份年收入針對罹患重大疾病時的收入中斷、治療時的醫療費用、療養時的薪水補償。舉例來說,若一般年輕人收入為50萬,則會建議此時規劃至少150萬的重大疾病,之後隨著責任能力逐漸調整。不過三倍年收入只是基本,當然會有人覺得三倍年收入不足以治療狀況更嚴重的重大疾病,所以若要規劃更高的保額,也可以視可負擔能力調整。

三倍年收入

罹患重大疾病時的收入中斷

治療時的醫療費用

療養時的薪水補償

一筆給付的重疾險V.S.防癌險

　　有非常多的保戶都會把重大疾病險及防癌險放在一起規劃，但其實兩個險種理賠的內容並不相同。重大疾病險是一筆給付型，在剛罹患重大疾病時，能快速提供一整筆的理賠金，對病患及家屬來說是很重要的「及時雨」，若是會考量到標靶藥物或是更新型態的治療方法，那會需要花上非常高的醫療費用，因此在治療初期若能有一大筆的理賠金能夠支付，那將能夠大大提升疾病的治癒率以及病患的選擇權。重大疾病險一定是現行保險規劃上的首選。

　　而防癌險主要針對癌症周邊累積性的高額花費，像是針對初次罹癌、癌症門診、癌症住院、癌症手術、放射性治療、化學治療、癌症身故等等，若是有癌症的家族病史、或是對於癌症長期性的治療較為在意，那防癌險就非常適合做規劃，而且防癌險理賠不限定同一癌症，若是不幸轉移或是再發現其他癌症，防癌險都可以繼續理賠，直到條款最高上限為止。

　　其實兩個險種都有其必要性，所以建議大家在重大疾病險及防癌險可以都規劃一點基本保額，再依照自己的需求及考量做加強。若是預算有限的情況下，則優先以重大疾病或是癌症一筆給付的險種做規劃。

　　以下列出一些對於重大疾病險及防癌險的整理表格。

項目	防癌險	重大疾病險
給付項目	初次罹癌、癌症門診、癌症住院、癌症手術、放射性治療、化學治療、癌症身故等等（視各家保險公司條款為主）	七大重大疾病（七個項目）
優點	• 針對癌症累積性的高額花費 • 提供較細節的理賠項目	• 初期能夠拿到一筆理賠金 • 只需要診斷證明書即可理賠
缺點	• 初次罹癌理賠金偏低 • 無法在初期提供較多幫助	• 一筆給付後就終止契約 • 後續若需長期治療不一定足夠

♥ 重大疾病V.S.重大傷病

　　許多人會拿重大疾病險去跟重大傷病險做比較，前面的章節也有先提到兩個險種的理賠內容，這邊會再特別針對這兩個險種做說明。

　　重大疾病險和重大傷病險皆為整筆給付理賠金的險種，但最大的差異在於保險理賠時的依據不同。重大疾病險以七大重大疾病為主，依照醫生所開出的診斷證明書來做為理賠依據；而重大傷病險則是針對政府所提供重大傷病各項疾病項目參考表為主，目前有22大

類，300多種疾病，大多保險公司以重大傷病卡為理賠依據，若能拿到重大傷病卡即能理賠。

雖然重大傷病險的理賠範圍看起來較廣，但其實重大疾病的好發率及死亡率是相對較高的，醫療處理的緊急程度也偏高，最重要的是醫療花費非常不便宜，所以通常會對病患及其家屬造成較為嚴重的負擔。因此在規劃的順序上會建議大家可先以重大疾病險為主，並且在保費預算尚可的情況下，斟酌附加重大傷病險。

保險商品的內容不同，本來就不該輕易拿來做比較，但很多保險業務員時常會以理賠的容易程度和保險範圍來做為銷售的話術引導，反而忽略了疾病對於病患的威脅程度和急迫性。

其實我們在這邊希望能夠導正許多讀者的保險觀念，很多人會認為保險就是要便宜又大碗，不僅保費要最划算、理賠範圍又要最廣泛，作者也不得不承認這的確是人之常情，但曾幾何時我們不再思考保險的意義與功能，沒有好好去探究當下的保險規劃是不是真的適切我們的需求。希望各位都能回歸到保險保障的需求本質去探討自己本身的規劃，這才是我們想讓你深刻了解到的。

*註：重大疾病與重大傷病比較表請參考 P.065。

Chapter 5
規劃**長照險**的眉角

認清自己對於長照的需求

　　隨著老年化以及少子化的社會問題日漸嚴重，大家逐漸開始重視長期照顧的議題，甚至政府也開始推動長期照顧相關的社會保險。既然目前政府已經有了長期照顧的社會保險規劃，那為什麼我們還要自己規劃商業保險的長照呢？

　　原因很簡單，讓我們思考一下，政府已經有相關的勞保、勞退措施，為何我們還是要自己存退休金呢？答案是因為勞保、勞退可能不夠支應我們未來的退休生活。政府已經有相關的健保政策，為何大部分的民眾都還是會自己規劃醫療險呢？答案也是因為健保可能無法完全支應目前高額的醫療自費項目。那未來政府規劃的長期照顧保險，有辦法完全幫助我們帶走長照的風險嗎？如果不行的話，我們要如何規劃屬於自己的長照保險呢？

　　目前全國約有73萬8000名失能、失智老人，以政府目前編列的178億元計算，平均每人每年僅能分到2萬5000元左右，這樣的保障根本無法解決未來需要長照時的問題。

　　其實我們要說明的是，社會保險是很棒的政策，但礙於人口數眾多以及政府財源的籌措，僅能以最低限度的保障提供給社會大眾，

並無法完全帶走所有人的風險。於是這時候就必須先評估自己未來的長照需求，扣除政府能提供的長照補助，計算最後自己未來所需的長照缺口，這樣才有辦法真正規劃自己長照的保額。

長照、類長照、失能扶助到底差在哪？

隨著長照市場的蓬勃發展，保險公司也不斷推出長期照護的商品，但市面上還有兩個不同於長照的險種——類長照險（又稱為特定疾病險）、失能扶助險（舊名為殘廢扶助險），而這兩個險種時常會被保險業務拿來與長照險做比較。雖然這三個險種的給付方式相當雷同，但實際上理賠的範圍與內容大相逕庭，更何況在不同的條款基準下，實在不適合拿來做比較。

儘管我們在這個章節沒有要特別比較哪一個保險誰優誰劣，但還是必須認識一下這三個長期照顧領域的小幫手：

小幫手1

依照醫師評估失能及失智來給付理賠的長照險

小幫手2

依照罹患特定疾病來給付理賠的類長照險

小幫手3

依照失能等級11級79項來給付理賠的失能扶助險

	長照險	類長照險 （特定疾病險）	失能扶助險
理賠 給付 方式	皆含有單筆給付一次金和分期扶助保險金		
理賠 定義	失能 （依照巴氏量表） 失智 （依照CDR表）	罹患特定疾病	依殘廢等級判定
優點	包含正常老化的 長輩族群	疾病理賠 範圍明確	失能範圍明確 保費相對便宜
缺點	保費較高	未涵蓋非疾病以外 之長照需求	未涵蓋正常老化 之照顧情況
特點	結果論	條件論	條件論

　　目前長期照顧險的認定屬於「結果論」，不論是任何原因導致，只要經醫生透過巴氏量表認定為失能，或經醫生透過CDR表認定為失智狀態，就能申請理賠。對於因為自然老化的保戶來說，非常

能對應其長期照顧需求。不過，長照險通常在每次領取理賠金之前都必須再次回診，並且請醫生開立診斷證明書作為理賠的依據，對於長照中的病患稍嫌不便。

類長照險的認定屬於「條件論」，只要滿足了罹患特定疾病的條件，即可以啟動類長照險的理賠。雖然理賠的範圍很明確，但除了疾病之外的長照需求較難被滿足，況且目前大部分的民眾在特定傷病的區塊，偏好一筆給付式的理賠，資金在使用上會比較靈活，故類長照險目前在市場上並非主流型的長期照顧險種。

失能扶助險的認定屬於「條件論」，不論是因疾病或意外而導致，只要達主管機關規定之1～11級的失能條件，都能獲得理賠。失能扶助險的理賠和一般的意外險很類似，符合1～11級的失能會先獲得一筆一次性給付的失能保險金，另外只要是符合1～6級失能的保戶，可以再領取定期給付的失能扶助金。但要特別注意的是，在失能等級表當中，關於「終身不能工作」、「需專人周密照顧者」等敘述性文字，比較容易造成理賠上的糾紛。

其實，這三個保險的保障範圍並不相同，沒有辦法真正的說誰可以取代誰，所以我們會建議大家先評估自己真正的需求。如果保費預算許可，當然在長期照顧險與失能扶助險都能夠規劃的情況下，會大大增加自己的保障層面；但若是在預算有限的情況下，會優先建議各位投保長期照顧險，並且透過定期型的意外險去加強失能保障的區塊。

Part 4 分齡保障規劃

Chapter 1
幼童保險（0～15歲）

♥ 幼童時期不能沒有的基本保障

　　許多朋友在懷孕時期會問我，小朋友的保單應該什麼時候做規劃？有人覺得可以等到小朋友開始會活蹦亂跳的時候規劃，有人覺得剛出生就要做規劃，甚至有人覺得小朋友可以不用規劃，規劃大人的就好。我認為若是有經濟能力的話，很建議大家可以在小朋友剛出生時規劃保單，因為在這個時候，是一輩子最便宜的費率了，越長越大只會越來越貴，對終身型保障來說，影響更大。

　　建議針對醫療全險來做規劃，規劃重點為基礎意外險、醫療險、防癌險及重大疾病險。如果預算充足，醫療險部分可以規劃基本的終身型保單，像是「終身日額」、「終身手術」，以及「終身防癌」、「終身重大疾病」，終身型規劃不足額的地方，可以用定期型保障去做加強。舉例來說，若是想規劃4000元的住院日額保障，終身型日額規劃了1000元，則可以用定期日額險3000元做加強。

♥ 特別注意事項：
未滿15歲以下兒童投保，身故保障有69萬限制

　　早期購買幼童保險時，壽險、意外險因為在十五歲以前不會有身故理賠金只會退還所繳保費，所以在這個年紀時，通常較少做規畫；

但隨著時代演進、諸多意外事故的發生（107年的台鐵普悠瑪出軌、109年維冠大樓倒塌、110年台鐵太魯閣號出軌、110年虎豹潭溪水暴漲事件…等等），都讓政府以及民眾對於幼童保險理賠意識的抬頭。

故我國現行《保險法》107條於109年6月修正後，未滿15歲者增加了喪葬費用的理賠項目（喪葬費用之保險金額不得超過遺產及贈與稅法第17條有關遺產稅喪葬費之一半，當時為61.5萬元）。於113年1月1日調整為69萬元。另外，若有額外預算也可以在此時規劃終身壽險，是最便宜的費率，不過因為通常做完意外險、醫療險、防癌險及重大疾病險可能預算就用完了，所以大家針對壽險部分可以斟酌規劃。

壽險	意外險	醫療險	重大疾病險	長照險
身故保障 ＿＿＿萬	大 身故／失能 **69**萬	住院日額 終身**1000**元／天 定期**3000**元／天	重大疾病 重大傷病 一筆給付終身 **50~100**萬	長期照顧 ＿＿＿單位（＿萬／月）
	中 意外住院 **3000**元／天	定額手術給付 **1000**×手術倍數	防癌險 終身**2**單位	
	小 實支實付 **3**萬			
	強 骨折險 ＿＿＿萬	實支實付 **甲型**（30計劃）		
	強 薪水補償 ＿＿＿萬			

＊註：劃線空白區塊為目前尚未規劃之保障。

♥ 特別注意事項：針對孩童的加強保障

　　有滿多人會問我，建議在此階段著重加強的區塊，接下來，這邊會做加強保障的建議，針對幼童的兩段年紀來說明，分別為剛出生的新生兒以及學齡前後的孩童。

1. 新生兒

　　針對剛出生的新生兒來說，很建議大家規劃全險保障，尤其增加終身型的保障，若是以後會規劃終身型，何不趁最便宜的費率先買起來，也可以即刻享有終身保障。另外，針對新生兒的保障內容，會更加重視「住院日額」。在孩子還小時，真的滿容易會因為身體狀況不佳而需要住院觀察，日額可以補貼爸媽請假照顧孩子的收入，也可以拿當作升級病房的費用。因為在孩子免疫系統尚未完備之前，若入住多人病房，很容易會產生交叉感染，反而使情況更危急，所以如果真的住院，建議大家住單人病房或是雙人病房，因此「住院日額」在新生兒保單會是家長著重規劃的要點，建議大家住院日額規劃加總為3000～5000元保額。

2. 學齡前後的孩童

　　到了孩子準備上幼稚園時，或是開始追趕跑跳碰時，建議大家可以重新檢視孩子的保單。可以留意「意外險」的加強，因為在開始走路到跑步的這段時間，其實相對來說，危險性是增加許多的。所以除了留意「意外險大中小」的規劃之外，也可以多增加「意外骨折

險」的部分，是屬於加強型的意外險。因為除了一般的擦傷、扭挫傷，再嚴重一點就是骨折了。若是不小心骨折，骨折險也可以提供額外的保障。

♥ 孩子的儲蓄計劃

大部分的家長會想幫孩子存一筆教育基金，無奈現實的考量，加上育兒上的花費越來越高，許多家長想規劃卻對此毫無頭緒。如果你也是其中一員的話，滿建議大家可以利用育兒津貼來幫孩子存下一筆教育基金。目前政府的育兒津貼因各縣市而異，大多落在2500元左右。若能將育兒津貼存下，每個月小額的儲蓄，透過長年期的儲蓄險（20年、10年），利用儲蓄險複利滾存的特點，在孩子未來要用到教育費用時，將會是一大筆可利用的教育基金。

Chapter 2
青年保險（16～35歲）

♥ 青年時期不能沒有的基本保障

　　基本上，此時的規劃一樣會以全險保障為主，意外險、醫療險、防癌險及重大疾病險。值得留意的是「壽險」、「大意外」，因為16歲以上身故理賠金的部分，已經較無道德風險，故是會啟動身故理賠的，所以在此時，可以留意一下是否要加強壽險保障，並調整額度的部分。

　　若有額外預算的話，還有一個區塊是「長照險」，也很建議大家可以規劃。但此做法會建立在將意外險、醫療險、防癌險及重大疾病險規劃完善的前提下，因為有些人其實在剛出社會時，身上已經在爸媽的規劃下有較為完整的保障，這時若想自己承擔一些保費的話，很建議大家可以加上終身長照險。在高齡社會下，長照險已是未來趨勢，相信保費只會增不會減，若能及早開始規劃，以後的負擔也比較不會這麼重。

壽險	意外險	醫療險	重大疾病險	長照險
身故保障 定期 **100**萬	㊅ 身故／失能 **200** 萬 ㊥ 意外住院 **3000** 元／天 ㊈ 實支實付 **3** 萬 ㊎ 骨折險 ______萬 ㊎ 薪水補償 ______萬	住院日額 終身**1000** 元／天 定期**3000** 元／天 定額手術給付 **1000** ×手術倍數 實支實付 **甲型** （30計劃）	重大疾病 重大傷病 一筆給付終身 **50~100** 萬 定期**100**萬 防癌險 終身 **2** 單位	長期照顧 ____單位 （__萬／月）

＊**註**：劃線空白區塊為目前尚未規劃之保障。

因為這個年齡層大約為16歲～35歲，這邊包含了從青少年、成年，所以除了風險會不斷隨著年紀跟責任調整之外，在不同時期也有重要的特別注意事項。

1. 青少年：意外風險的增加

在前面幼童時期時，十五歲前，身故理賠因有道德風險，死亡時是不會啟動身故理賠的，因此針對大型意外，在新生兒保單的規劃上，不一定做得很足夠，可能會用80～100萬額度規劃，所以此時也要注意這時候的意外身故保額，建議調整到150～200萬。

另外，這個年齡層的青少年也接觸到了夢寐以求的摩托車，在尚未習慣台灣用路駕駛時，很容易因為駕駛不慎發生車禍事故，需另外附加骨折、薪水補償等強化型意外風險的保障。

2. 社會新鮮人：開始獨立

在前面的章節有提到，在剛出社會時，很建議做保單健診，因為出社會，已脫離爸媽的照顧，應該要能獨立面對人生，對自己的人生負責。此時的規劃以全險規劃為主，若不足的地方，像是終身型保障，若以前沒有規劃，建議優先加強還有針對壽險的補強，以前的壽險可能會偏少或是完全沒有，要留意壽險的額度，建議至少要有50～100萬。

3. 結婚、生子：轉換身分時的責任增加

　　這個時期，我覺得也是增加保障最重要的階段，因為結婚後，生命中開始需要對另一半負責，承擔一個家庭的責任，也會需要規劃買車、買房等等的花費，以及準備孕育下一代。

　　這個時期做保單健診時，在全險規劃上會建議大家將保障額度提高，尤其是家中的經濟支柱。很多人都很願意將錢花在小朋友的保障上，卻不願意規劃自己的保障，其實這樣的想法是需要調整的。小朋友的保單固然重要，但今天若是孩子住院，大人可以請假去照顧孩子，那今天如果反過來是大人住院呢？家中的支柱倒下誰來扛？**一個人生病，兩個人沒工作，三個人沒飯吃，所以大人的保障尤其重要！**建議大家在此時能夠視自身的能力，提升自己的意外、醫療、防癌及重大疾病保障額度；針對女性的部分，如有生育計劃，建議著重強化醫療險的部分，若短時間想加強可以用定期型來規劃。

　　另外，建議大家要著重於提升壽險的額度，責任提高，保障也要隨著提高。若終身型壽險費用較高，也可以利用定期型壽險搭配，在我們責任最大時，能有完善的保障。此時建議額度為200～300萬，當然此項額度也會因為每個家庭的責任、能力而有所不同。

Part
4

分齡保障規劃

♥ 圓夢儲蓄計劃

大家開始工作賺錢後，一定會想累積屬於自己的一桶金。很多人都會問我有沒有什麼投資方式可以快速累積財富，我都會跟大家說：我們很常聽到我終於「存」下一桶金，而不是我終於「投資」到一桶金。

投資的公式：「本金」×「利率」=「利息」

以台灣目前現行相對穩定的投資標的來說，大約在4%～5%左右的報酬率，風險性會相對低一些，也是大部分民眾能接受的區間。

舉例來說

如果我有一萬元想要投資，我運氣很好找到10%投資報酬率，但是有不小風險性的投資標的，那我的利息就是：

〔10,000本金×10%利率＝1,000元利息〕

如果我有一百萬元想要投資，我想找一個相對安全，大約2%~3%投資報酬率的投資標的，那我的利息就是：

〔1,000,000本金×3%利率＝30,000元利息〕

各位看完這個公式，有沒有發現一件事情？如果是本金不大的小額投資，除了利息的差別不大以外，投資人還必須承受投資時的風險，萬一投資失利，豈不是賠了夫人又折兵。

　　所以，以青年時期的讀者來說，「存」下來才是首要方法。其實儲蓄險只是一種工具，大家可以透過儲蓄險來達到想要的計畫，有人希望六年後可以買車，有人希望這筆儲蓄可以當養老基金，有人單純地希望能用儲蓄險逼自己儲蓄。針對不同目的，會推薦不同的儲蓄商品；若是希望六年後可以購買汽車，會以六年期較高額度做規劃；若是要存養老基金，會建議小額長年期做複利滾存計畫；滿多人會想存一桶金計畫，規劃六年期，一年約17萬，六年後將會透過此儲蓄計畫，達到人生中的第一桶金。

Chapter 3
中壯年保險（36～55歲）

中壯年時期不能沒有的基本保障

　　所謂的中壯年，指的是36歲～55歲左右的人，其共通點是這群人大部分都是家裡的主要薪水來源，甚至可以說是重要的家庭支柱，若是不小心發生了嚴重的風險或意外，家庭功能可能發生問題。所以，這個時期的保戶應該更加重視其保單內容，保單的功能也應該最為強大。

　　但是有哪些基本保障是不可或缺的呢？除了我們從年輕時期就應該擁有的基本全險保障以外，更應該特別強化自己的「壽險保障」、「意外險額度」、「重大疾病險的保額」、「防癌險」、「實支實付的額度」，若是有多餘的保費預算與負擔能力，則可以適當地增加「長期照顧」的保障。

壽險	意外險	醫療險	重大疾病險	長照險
身故保障 終身 **50** 萬 定期 **250** 萬	大 身故／失能 **500** 萬 中 意外住院 **3000** 元／天 小 實支實付 **3** 萬 強 骨折險 **100** 萬 強 薪水補償 **100** 萬	住院日額 終身 **1000** 元／天 定期 **3000** 元／天 定額手術給付 **1000** ×手術倍數 實支實付 **甲型** （30計劃）	重大疾病 重大傷病 一筆給付終身 **100** 萬 定期 **200** 萬 防癌險 終身 **2~4**單位	長期照顧 **2**單位 （**4** 萬／月） 視情況增加

Part
4
分齡保障規劃

特別注意事項：
壽險保障的增加、醫療風險的增加

1. 壽險保障的增加：

　　通常進入這個年齡層的人，其家庭責任會大幅增加，其主要責任來源為「房屋貸款」、「汽車貸款」、「子女教育」。因為一般來說，購買房屋的時間點會在擁有一筆頭期款之後，大部分民眾的年齡

會落在36歲～55歲之間，而這個時間點剛好也是小朋友正在努力讀書的高峰時期，所以我們一旦倒下，如果沒有萬全的保障，那後果一定不堪設想；就算我們真的不幸發生風險離開了，壽險（意外險）保障也必須能夠代替我們照顧孩子、家人至少10年的時光。

2. 醫療風險的增加：

另外，通常進入這個年齡層的人，其醫療風險也會大幅增加，而且越接近現代社會越有逐步提升的趨勢，當然最主要的原因不外乎是目前的生活環境（例如空間中的懸浮粒子PM2.5、家中油煙）、飲食習慣（多糖高油高鹽、外食、地溝油等等）、科技影響（手機不離身、輻射、視力受損）。這些其實都是導致癌症病患從以前到現代，罹患比率大幅提升的最主要原因，若是本身無法透過調整飲食、生活習慣來避免這些趨勢型的社會轉變問題，那我們只能強化自身的醫療實支實付額度與重大疾病險保額，在風險來臨時，擁有足夠的資本與醫療費用來面對疾病的侵襲。

Chapter 4
中老年保險
（56歲～70歲）

♥ 中老年時期不能沒有的基本保障

　　邁入這個年齡層，許多人已經開始盤算退休規劃，甚至許多有能力的中年前輩已經安排好退休計畫，不到60歲就開始享受退休生活。其實我在這邊要和各位分享：所謂的退休並非是指自己不再工作，而是退休後終於可以不用為了錢而賣命工作。如果已經準備好自己每個月的被動式收入（例如：勞保月退、每個月的利息收入、房租收入等等），其實我們隨時都可以準備退休，不是嗎？

　　但是除了退休金的準備以外，要享受樂活的人生，其實還需要另外兩個帳戶的建立，才能完備所謂的「退休樂活金三角」。樂活金三角是現代高齡化社會提出的概念，主要在於規劃「退休金帳戶」、「醫療帳戶」、「長照帳戶」，備齊這三個帳戶之後，退休生活就可以無虞了。

- 「**退休金帳戶**」：用以支應每個月的退休生活花費。雖然政府有規劃基本的勞保、勞退制度，但在退休金不足額的情況下，還是得自己額外準備退休帳戶。

- 「**醫療帳戶**」：身體健康、器官機能隨著邁入這個年齡層而逐漸衰退，為了不讓退休金帳戶全成了醫療費用，醫療保障的齊備是必須的。雖然目前政府有推行健保，不過自費項目、高額醫材越來越多也越來越貴，還是得自行準備醫療帳戶才行。

- 「**長照帳戶**」：未來也許我們不會生病、不會發生意外，但是我們必然會衰老，終將有需要他人照顧的一天，隨著高齡社會的開啟、平均餘命的延長，這個費用勢必成為我們退休時的一大負擔，所以長照帳戶可說是未來醫療帳戶的延伸、退休帳戶的防火牆。

讓我們來看一下，如果是這個時期的全險架構表應該如何規劃：除了原本基礎的全險保障維持不變以外，可以調降「定期壽險」及「大意外險保額」，也可視保費預算調整「定期重大疾病險」的額度。在此要特別提醒，並不是說重大疾病的保障不再重要，只是定期型的重大疾病險在這個年齡層的自然費率會稍微偏高，建議讀者們可以自行斟酌做調整。可以在擁有基本保障的情況下，調整為「長期照顧保險」或是「退休金的規劃」。

壽險	意外險	醫療險	重大疾病險	長照險
身故保障 終身 **50** 萬 退休金規劃 可透過還本型儲蓄計劃年金保險規劃	大 身故／失能 **200** 萬 中 意外住院 **3000** 元／天 小 實支實付 **3** 萬 強 骨折險 **100** 萬 強 薪水補償 **0** 萬	住院日額 終身 **1000** 元／天 定期 **3000** 元／天 定額手術給付 **1000** ×手術倍數 實支實付 **甲型** （30計劃）	重大疾病 重大傷病 一筆給付終身 **100** 萬 定期 **0～100** 萬 防癌險 終身 **2～4** 單位	長期照顧 **2** 單位 （**4** 萬／月）

特別注意事項：
退休金需求的增加、長照保障的增加

一、退休金需求的增加：

　　雖然我們在壽險保障、意外身故的保障需求降低，但是退休金需求增加的規劃就會成為我們這個階段很重要的課題。

　　1. 首先，我們應該先設定好我們每個月的退休生活費用。

　　（例如我希望我的所得替代率有60%，而我退休前的薪水是7萬元，則代表我每個月的被動收入至少要能達到4萬2千元，才比較可以舒適地退休）

　　2. 設定好每月退休生活費用之後，檢視我們目前的現況，並設定差額如何達成。

　　（例如我每個月的退休生活費用為4萬2千元，勞保月退可以領取2萬2千元，那我還得再另外規劃2萬元的每月被動收入，可透過還本型的儲蓄計畫、年金保險、月配息的投資等等）

　　3. 執行、定期追蹤並且隨時依據自身現況做調整。

二、長照保障的增加：

　　雖然現在很多人的長照觀念都非常好，但除了政府目前有在推動長照社會保險以外，長照悲歌的消息也時有所聞，例如：孝子勒斃長照病父、照顧者與被照顧者同歸於盡等，每每在新聞頻道看到都會讓人不忍直視。長期照顧險是一定要在這個時期強化或是提早規劃的

險種，因為未來發生長期照顧的風險時，光看護的費用每個月就高達3萬～5萬元的基本水平，再加上其他營養品、輔具的費用，我們每個月的退休金其實根本無法跟上長照醫療花費的速度，最後只能看著退休金帳戶坐吃山空。

況且目前很多長照險的保單條款設計，也有所謂的身故所繳保費退還。儘管今天客戶沒有使用到這個保險，所繳出去的保費也會加計利息退還給我們還活著的身故受益人，讓保戶不會有把錢丟到水裡，保費有去無回的感覺。

但是，很多客戶會告訴我，一年繳5萬～10萬的長照險保費真的很負擔，我自己存長照帳戶就好了。但我想請問大家，如果真的不小心發生了需要長期照顧的狀況，一個月4000元的保費跟未來3萬～4萬的長照費用，哪一個對我們會比較負擔？其實答案都在你心裡。我們也都不希望成為家人的負擔，自己的保障自己規劃，自己的未來自己掌握。

結語

相信大家已經開始對保險有了基本的概念，這也是我們出這本書所希冀的。保險其實沒有這麼困難、陌生，但建議想要自行調整保單的各位，務必諮詢專業的保險業務員，因為說老實話，要自己做功課本來就不是一件容易的事情，更遑論是保險的規劃。況且，「人生百年，保險佔五十」。如果這半輩子，能有一個貼心、信任的業務員來幫我們做服務，那真的是一件很暖心的事情。預祝每一位讀者都能規劃合適的保單，建立專屬於你的防護傘。

通識課 *008*

你押對「保」了嗎？
讓保險在關鍵時刻做你最給力的後盾！實用檢核版

在風險降臨之前，幫自己建立好屬於你的防護傘！

作　　者	劉白閔、林怡萱
顧　　問	曾文旭
社　　長	王毓芳
編輯統籌	耿文國
總 編 輯	吳靜宜
執行主編	潘妍潔
執行編輯	詹雲翔、楊雲慶
美術編輯	王桂芳、張嘉容
法律顧問	北辰著作權事務所　蕭雄淋律師、幸秋妙律師

初　　版	2024年06月
出　　版	捷徑文化出版事業有限公司——資料夾文化出版
電　　話	（02）2752-5618
傳　　真	（02）2752-5619

定　　價	新台幣330元／港幣 110元
產品內容	1書

總 經 銷	采舍國際有限公司
地　　址	235新北市中和區中山路二段366巷10號3樓
電　　話	（02）8245-8786
傳　　真	（02）8245-8718

港澳地區總經銷	和平圖書有限公司
地　　址	香港柴灣嘉業街12號百樂門大廈17樓
電　　話	（852）2804-6687
傳　　真	（852）2804-6409

▲本書部分圖片由Shutterstock、freepik圖庫提供。

捷徑 Book站

國家圖書館出版品預行編目資料

你押對「保」了嗎？讓保險在關鍵時刻做你最給
力的後盾！實用檢核版 / 劉白閔、林怡萱合著. --
初版. -- 臺北市：捷徑文化, 2024.06
　　面；　公分

ISBN 978-626-7116-52-4(平裝)

1.CST: 保險　2.CST: 保險規劃

563.7　　　　　　　　　　　　　　113004610

 **保險檢核表**

下表是更為詳細的「保單健診細項檢核表」，依照前頁架構表的計算方式，針□障，又還有哪些潛在的風險缺口呢？無論是人生階段的轉換，還是醫療體系的□

壽險保障

一般身故（含終身及定期壽險）＿＿＿＿＿＿＿＿＿＿＿＿＿

一般意外身故（含一般身故）＿＿＿＿＿＿＿＿＿＿＿＿＿

癌症身故（含一般身故）＿＿＿＿＿＿＿＿＿＿＿＿＿＿＿

醫療保障

長期照顧
- 長期照顧一次
  保險金＿＿＿＿＿＿＿＿＿＿
- 長期照顧分期
  保險金（每年）＿＿＿＿＿＿

疾病醫療
- 住院日額＿＿＿＿＿＿＿＿＿
- 加護／重大燒燙傷
  病房日額（另給付）＿＿＿＿
- 出院療養（每日）＿＿＿＿＿
- 住院前後門診＿＿＿＿＿＿＿

手術醫療
- 門診手術醫療＿＿＿＿＿＿＿
- 住院手術醫療＿＿＿＿＿＿＿

實支實付限額
- 住院病房費限額＿＿＿＿
- 醫療雜費限額＿＿＿＿＿
- 手術保險金限額＿＿＿＿
- 住院前後門診限額＿＿＿
- 門診手術費用限額＿＿＿

意外傷害
- 意外住院日額＿＿＿＿＿
- 意外傷害醫療限額＿＿＿
- 意外失能＿＿＿＿＿＿＿
- 意外重大燒燙傷＿＿＿＿
- 意外骨折保險金＿＿＿＿
- 意外手術醫療＿＿＿＿＿

失能給付

- 失能扶助金＿＿＿＿＿＿＿＿＿＿＿＿＿＿＿＿＿＿＿＿
- 失能扶助金（每月）＿＿＿＿＿＿＿＿＿＿＿＿＿＿＿＿

對不同給付項目進行更細節的保障評估，一起來釐清自己買的保險提供了哪些保
型態改變，我們的保障需求都可能會隨之改變，因此請務必定期進行保單健診！

水上大眾運輸意外身故（另給付）＿＿＿＿＿＿＿＿＿＿＿＿
陸地大眾運輸意外身故（另給付）＿＿＿＿＿＿＿＿＿＿＿＿
航空大眾運輸意外身故（另給付）＿＿＿＿＿＿＿＿＿＿＿＿

重大疾病
＿＿＿＿＿＿＿＿ ・重度重大疾病＿＿＿＿＿＿＿＿＿＿＿
＿＿＿＿＿＿＿＿ ・輕度重大疾病＿＿＿＿＿＿＿＿＿＿＿
＿＿＿＿＿＿＿＿ ・重大傷病保險金
＿＿＿＿＿＿＿＿ （健保重大傷病證明）＿＿＿＿＿＿＿＿
＿＿＿＿＿＿＿＿
癌症醫療
・首次罹患癌症（重度）＿＿＿＿＿＿＿
・首次罹患輕度癌症＿＿＿＿＿＿＿＿＿
＿＿＿＿＿＿＿＿ ・首次罹患原位癌（初期）＿＿＿＿＿＿
＿＿＿＿＿＿＿＿ ・癌症門診醫療＿＿＿＿＿＿＿＿＿＿＿
・癌症住院日額＿＿＿＿＿＿＿＿＿＿＿
＿＿＿＿＿＿＿＿ ・癌症放射線治療＿＿＿＿＿＿＿＿＿＿
＿＿＿＿＿＿＿＿ ・癌症化學治療＿＿＿＿＿＿＿＿＿＿＿

・失能保險金＿＿＿＿＿＿＿＿＿＿＿＿＿＿＿＿＿＿＿＿＿
・失能復健補償金＿＿＿＿＿＿＿＿＿＿＿＿＿＿＿＿＿＿＿